| 대학생 현장실습 |

OJT 교육과정

S/W 개발분야

김정인 저

홍릉과학출판사

머 리 말

현장실습 교육은 대학의 재학생이 산업체에 일정기간 실제로 근무하면서 현장의 업무를 체험하고 익히는 과정에서, 대학에서 배울 수 없는 현장의 실무와 조직생활을 체험하여 실제 산업체 취업 시에 업무 적응기간을 최소화하기 위한 실무중심 교육과정이다.

그러나 산업체에 따라 혹은 같은 산업체라 하더라도 그 시점의 업무상황이나 현장실습생을 담당하는 직원에 따라 현장실습 교육내용의 일관성이 유지되지 않아, 현장실습 교과목의 교육목표를 달성하는데 어려움이 따르는 경우가 많다. 심한 경우에는 실제 산업체의 주업무와는 전혀 관계가 없는 잡무 형태의 심부름만 하는 경우도 있다고 한다. 이는 짧은 기간에 검증되지 않은 교육생에게 회사의 주업무를 맡기기에는 부담이 되어 아예 잡무로 돌리게 되고, 산업체가 현장실습 교육생을 받지 않으면 될 것 같지만, 대학과의 공생관계가 형성되어 있어서 현장실습 교육생을 받지 않기도 어려운 일이다. 결국 원래의 교육목표에 접근하지 못하고 형식적인 현장실습이 될 수 있는 소지를 가지고 있다.

거기에다가, 현장실습생은 받기만 하고 산업체는 주기만 하는 현재의 현장실습 구조로는 서로의 이해관계가 맞지 않아 현장실습을 원하는 산업체의 개수가 점차적으로 줄어들 수 밖에 없다. 즉 고용이 전제가 되어 있는 인턴십이 아닌 경우의 현장실습은 산업체의 입장에서 거추장스러울 뿐, 별 메리트를 느끼지 못한다.

본 매뉴얼은 S/W 개발분야 산업체에 현장실습을 나가는 교육생들이 해야 할 일들을 정리한 것이다. 먼저 교육생의 수준을 측정하고 산업체의 현재 상황을 파악해낸다면 비록 교육생이라 하더라도 간단한 전화응대부터 문서화, 단위프로그램 개발까지 할 수 있는 일들이 의외로 많다. 또한, 실무를 통하여 자기 계발까지 해나간다면 산업체와 현장실습교육생 모두가 만족하는 현장실습 교육을 수행할 수 있다. 이 매뉴얼이 S/W 개발분야의 알찬 현장실습에 도움이 되기를 바란다.

김 정인

차 례

part 1

S/W 개발 분야 현장실습 OJT교육과정

S/W 개발 분야 현장실습 OJT교육과정 소개
현장실습 목표 및 일정
현장실습 평가 기준

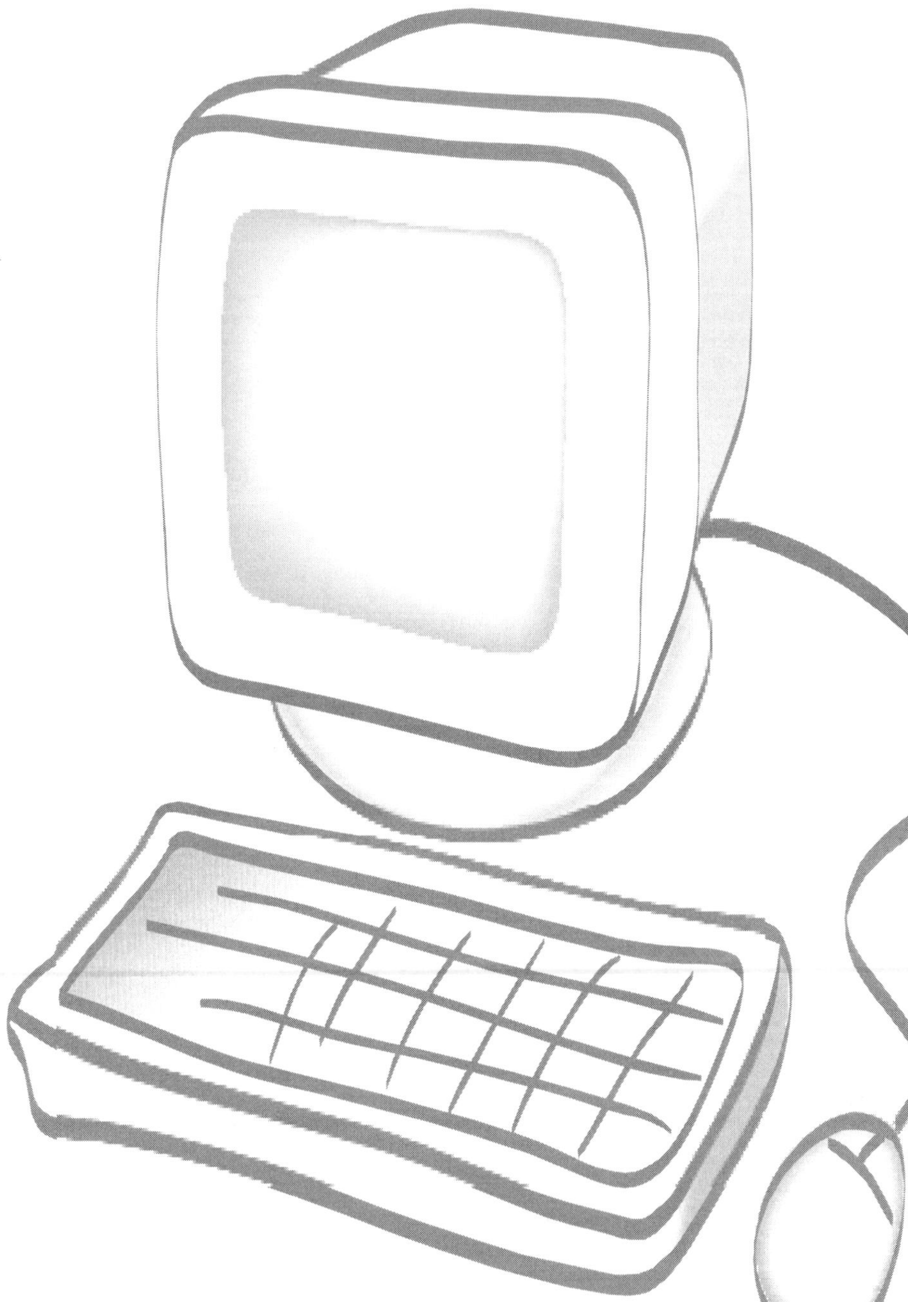

1.1 S/W 개발 분야 현장실습 OJT교육과정 소개

동명대학교 산학협력중심대학육성사업단에서는 현장실습 교육생과 실습 대상 기업의 원활한 교육을 위하여 교육 지침서를 제공하게 되었습니다.
IT 업계는 하드웨어 및 소프트웨어 등의 제품을 개발하고 클라이언트가 요구하는 문제들을 해결하기 위해 비즈니스 전략, 솔루션 제안 등의 서비스가 폭 넓게 이루어지고 있습니다.
기업은 환경 및 트랜드의 변화, 미래로 나아가야 할 방향성을 파악하고 만드는 제품의 장점들을 최대한 부각시킬 수 있는 전략을 세우고 인재 육성을 할 수 있는 시스템 구축과 사내 체제를 정비하여 환경 변화에 대응하면서 클라이언트 요구에 적절한 서비스를 제공, 처음에 계획했던 목표 달성이 필요합니다.
특히, 단순하게 제품 공급만 하는 것이 아니라 이제는 클라이언트와 함께 가치를 창출, 발전해나가는 파트너로서의 자각을 가지고 이러한 서비스를 제공하고 충족시키기 위해서는 IT 산업을 이끌어나갈 현장 적응력을 가진 인재가 크게 작용합니다.
IT 기업의 브랜드 가치를 높이기 위해서는 서비스 비중이 날이 갈수록 높아지고, 인재 기술을 관리하고 육성하는 것이 기업 경쟁력에 큰 비중을 차지하게 되었습니다. 하지만, 현재 IT 업계는 인재 육성에 대한 중요성을 외면하고 실력있는 우수한 인재가 나타나기를 기다리고 있을 뿐입니다. 이는 잘못된 인식으로서, 우수한 인재를 기다리기 보다는 인재를 발굴하고 육성해나가는 것이 중요합니다.
실력이 우수한 학생, 붙임성 있고 사회성이 좋은 학생, 성실하고 의욕있는 학생 등등의 인재들은 자기 개성을 살려 실력을 발휘하고 싶긴 하지만 자기 실력을 발휘할 수 있는 기회가 없어 전혀 다른 길을 걸어가게 되고 기업은 우수한 인재를 만나기도 전에 놓치는 경우가 흔하게 발생하게 됩니다.
우리는 인재 육성의 문제를 항상 인지하고 있으면서도 인재 육성 시스템 구축이나 인재 육성에 대한 프로그램들은 소홀히 하고, 활성화되지 않은 것이 현실입니다. 이는 기업과 대학이 기술과 지식을 전달할 수 있는 방법이 부족해서입니다.
이러한 문제를 개선하고자 동명대학교 산학협력중심대학육성사업단에서는 교육생과 인재육성에 힘써줄 기업체를 대상으로 교육생에게 다양한 업무 경험과 효과적인 현장실습이 되기 위한 대학생 현장실습 OJT 교육 지침서라는 참조모델을 제공합니다.
기업은 이 지침서를 통해 사내 체제를 정비하고, 체계화 된 인재 육성 시스템 구축을 기대할 수 있으며 현장실습 교육생은 체계적인 교육을 통해서 실력 향상 및 우수한 인재상이 되는 것을 기대할 수 있습니다.

1.2 『현장 실습 목표 및 일정』

1.2.1 현장실습 목표

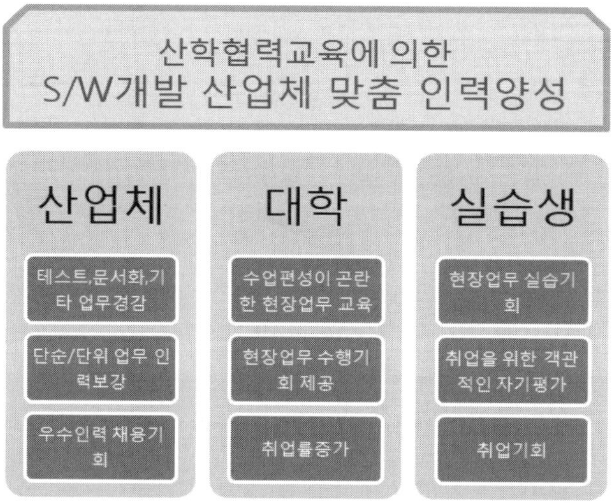

현장실습 교육의 목표는 "산학협력교육에 의한 S/W개발 산업체 맞춤 인력양성"이다. 이를 위해서 산업체, 실습생, 대학이 서로의 단점을 보완해 줄 수 있는 관계설정이 필요하다. 즉, 산업체, 실습생, 대학이 모두 만족할 수 있는 목표를 세워야 지속적인 현장실습 제도의 시행이 가능하다. 어느 한쪽이 피해를 보는 듯한 목표설정으로는 현장실습이 제대로 시행될 수 없다. 따라서, 산업체는 개발 중인 시스템의 설계, 테스트, 문서화, 직접 개발, 기타 업무경감에 현장실습 인력을 활용할 수 있어야 한다. 또한, 단순한 개발업무에 직접 현장실습 인력을 투입할 수도 있고 현장실습 수행 중인 인력을 가까이에서 관찰하여, 장점이 많은 실습생에 대하여 채용으로 이어질 수도 있다. 또한, 실습생의 입장에서는 실제 산업체 근무 경험을 통하여 자신의 장단점을 돌아볼 수 있는 계기가 된다. 그리고 산업체로부터 객관적인 평가를 받아서 자기 발전의 계기(자질 향상)로 삼을 수 있다. 무엇보다 실습 업체에 취업할 수 있는 기회가 주어진다는 것도 실습생 입장에서는 목표가 되어야 한다. 대학은 학과 수업편성으로는 곤란한 산업체 현장업무 교육을 시킬 수 있으며, 취업률 향상에도 도움이 될 수 있다.

1.2.2 현장실습 일정

현장실습 일정은 학기 중에 이행하는 경우와 방학기간을 이용하여 이행하는 경우로 나눌 수 있다. 어느 쪽이든 전체 교육시간은 같으며, 최소 16차에서 최대 20차로 구성한다.

학기 중의 경우는 일주일에 수업이 없는 날을 선택하여 한 두번 업체로 출근하여 현장실습을 이수하는 것이고, 방학 중의 경우는 토, 일요일을 제외한 주5일이 현장 실습 기간이 되며 전체 4주로 진행하게 된다.

- ▣ 총 16차에서 20차 과정으로 첫 번째 차수는 적응 시간으로서 기본 소양 교육과 회사 생활에 필요한 교육 및 레벨 테스트를 실시하고
- ▣ 7일차(혹은 10일차)와 16일차(혹은 20일차)는 그동안 했던 교육에 대한 중간 평가와 최종 평가를 실시하며
- ▣ 마지막 차수에는 그동안 했던 업무들을 정리하고 마무리 하는 시간을 보내도록 한다.

▸▸ 일차별 담당자 현장실습 업무 내용

일차	담당자	교육내용
0일차	지도교수	실습업체 지도위원과 협조 유지 (현장실습 방문)
	산업체지도위원	실습생 레벨 (기초/기술/전문) 테스트 산업체 인력 및 주요업무, 기술 소개 산업체 인성교육 실시
	실습생	현장실습 수행
1일차	지도교수	실습업체 지도위원과 협조 유지 (현장실습 방문)
	산업체지도위원	실습생 레벨 (기초/기술/전문) 테스트 산업체 인력 및 주요업무, 기술 소개 산업체 인성교육 실시
	실습생	현장실습 수행
2일차~9일차	산업체지도위원	레벨별 실습생 현장실습 1단계 교육
	실습생	현장실습 수행
10일차	지도교수	현장실습 중간 방문
	산업체지도위원	실습생 레벨 (고급/중급/기초)별 중간 평가 및 실습경과 지도교수에게 보고
	실습생	현장실습 중간 보고
8일차~19일차	산업체지도위원	레벨별 실습생 현장실습 2단계 교육
	실습생	현장실습 수행

20일차	지도교수	현장실습 최종 면담
	산업체지도위원	실습생 레벨 (고급/중급/기초)별 최종 평가 및 지도교수에게 보고
	실습생	현장실습 최종 보고

1.2.3 현장실습 유형

현장실습의 유형은 크게 실습시기에 따라 학기 중 실습과 방학 중 실습으로 구분된다. 또한 실습시간을 탄력적으로 운영하는 시간제(part time) 실습도 한 유형을 차지하고 있다. 각 유형별 특징을 구체적으로 살펴보면 다음과 같다.

(1) 학기 중 실습

학기 중 실습은 학기 중 특정 요일을 지정하여 하루 8시간 이상, 총 160시간 실습에 참여하는 것을 의미한다. 실습기관의 사정에 따라 실습일이 변경될 수 있으나 사전에 대학과 교육생의 동의를 구해야 한다. 마찬가지로 교육생에게 특별한 사정이 있을 때에도 실습지도자와 미리 논의하여 실습일을 조정할 수 있다. 학기 중 실습의 장단점을 살펴보면 다음과 같다.

▸▸ 장점

1. 학기 중에 실습이 이루어짐으로써 즉각적으로 실습에 대한 피드백을 받을 수 있다.
2. 학기 중에 배우는 교육과정 이론을 바로 현장에 적용해 볼 수 있는 기회를 갖는다.
3. 수업 도중 다양한 기관에서의 실습수행 경험을 공식적으로 공유할 수 있다.
3. 보통 산업체가 학교와 통학거리에 위치할 가능성이 크기 때문에 실습지도자와 지도교수, 교육생이 정기적으로 만나서 실습 목적 달성을 위해 서로 협력할 수 있다.

▸▸ 단점

1. 실습과 학업이 병행되기 때문에 실습에 전적으로 몰입하기가 힘들다. 때문에 실습기관에서 이루어지는 중장기 워크숍이나 지역사회, 거래처 방문 등 많은 시간을 요하는 일정을 소화하기 힘들다.
2. 학기 중 중간고사나 기말고사 등, 특별히 학업부담이 증가하는 시기는 실습에 소홀할 수 있다.

(2) 방학 중 실습

방학 중 실습은 방학 기간을 이용하여 일반적으로 4주간, 160시간을 해당 산업체에서 실습하는 것을 의미한다. 실습일은 일반적으로 주 5일(월~금)이며, 매일 8시간 정도 실습한다. 실습기관의 사정에 따라서는 토요일에 실습하는 경우도 있을 수 있다. 방학 중 실습의 장단점은 다음과 같다.

▸▸ **장점**

1. 집이나 학교에서 멀리 떨어진 곳이어도 자신이 선호하는 산업체를 선택하여 실습할 수 있는 기회를 가질 수 있다.
2. 학교 수업과제에 대한 부담 없이 산업체의 다양한 업무 및 회의에 참여하여 산업체 고유의 기관 특성 및 문화를 체득할 수 있는 기회를 가질 수 있다.
3. 일정 기간 동안 지속적으로 산업체 업무에 참여함으로써 단위 업무의 진행흐름을 연속적으로 체험할 수 있다.

▸▸ **단점**

1. 실습이 실습 본리의 목적으로 수행되고 있는지에 대한 지도교수의 즉각적인 피드백을 받기가 어렵다.
2. 규칙적으로 장기간 실습에 참여해야 하는 데에 특별한 인내와 노력이 요구된다.

(3) 시간제 실습

지도교수, 산업체, 교육생이 미리 협의하여 실습 시간을 따로 정하는 방법이다. 학기 중 실습과 방학 중 실습의 장점을 모두 수용할 수 있다. 160시간을 어떻게 나누어 실습할 것인가를 사전에 협의하는데 실습교육기간은 6개월을 넘길 수 없다. 예를 들면 학기 중에 매주 1번씩 10번의 실습을 수행하고 방학을 이용하여 2주간 실습을 행하는 것도 가능하다.

1.3 헌장실습 평가 기준

1.3.1 현장실습 선발과 결과 평가기준

각자 취향이나 성향, 잘 하는 분야가 다르듯이, 붙임성이 좋은 학생, 공부를 잘 하는 학생, 밝은 학생, 성실한 학생, 의욕이 있는 학생 등 다양한 학생이 존재한다. 현장 실습을 통해 교육생이 나가야할 방향성을 잡을 수 있고, 숨은 실력을 평가할 수 있다. 이러한 학생들을 획일적 기준에서 평가한다면 소수의 학생에게만 기회가 제공되고 공평하지 않으므로, 학생들에게 많은 기회를 제공하기 위해 선정 기준을 다양화하여 다수의 학생들에 맞는 평가 안을 마련하여야 한다. 또한, 현장실습 결과에 대한 평가도 산업체의 업무 내용에 따라 다를 수 있어서, 획일적인 평가 기준을 마련하여 적용하기는 어렵다. 객관적 기준 외에 업체별 주관적 평가가 이루어지도록 유동적인 기준을 마련하였다.

현장실습 선발 평가기준	취득학점 평균	10점	3.0이상: 10점, 2.5이상: 8점, 그 이하: 6점
	산업체선정	40점	학생이 스스로 산업체를 찾아서 현장실습을 원하는 경우 학생이 해당 산업체에 입사를 원하는 경우 학생의 재능과 기업체가 잘 어울리는 경우 등에 따라 적절한 점수 부여
	관련 경험	10점	관련 경험 유무, 자격증 유무, 아르바이트 경험유무 등
	현장실습 의지	40점	본인의 의지를 확인하는 지도교수와의 면담 점수
	합계	100점	

현장실습 결과 평가기준	지도교수	30점	계획수립능력 계획대비 실행결과 현장실습 결과보고서 평가
	산업체지도위원	60점	밝은 근무태도와 인사성 동료(타인)와의 협조관계(협업) 최선을 다하는 성실한 근무태도 계획 대비 실행결과물 완성정도 주변 정리정돈
	기타	10점	출퇴근 시간
	합계	100점	

1.3.2 구성원의 역할

(1) 교육생

실습교육을 행하는 주체이다. 교육생은 아래의 사항을 유념하여 현장실습에 참가한다.

- 산업체에서 배운 사항들을 정리하여 현장실습 일지를 작성해야 한다.

- 자신의 관심 영역에 대한 세부 업무 체험:
  교육생은 실습기간 중에 자신이 관심 있는 영역이 무엇인지 발견하고 관련 세부업무를 산업체에서 충분히 체험할 수 있도록 적극 노력해야 한다.
- 실습지도자와의 관계형성:
  교육생은 실습기관에서 현장실습을 지도하는 담당 실무자의 지식과 기술을 배우기 위해 적극노력해야 한다.
- 산학협력에 대한 이해:
  교육생은 산업체에서 실무 담당자와의 만남을 통해 이들의 업무를 도우고 지원하는 방법을 충분히 체험하기 위해 적극 참여해야 한다.
- 현장실습 중간보고서와 최종보고서를 작성하여 제출하고 지도교수와 현장의 산업체 지도위원이 참관하는 가운데 자신이 행한 업무에 대하여 발표해야 한다.

(2) 지도교수

현장실습은 대학과 산업체의 협력 하에 이루어지는 과정으로 실습에 대한 책임은 양측 모두에 있다.

- 학생들의 특성을 반영하여 총 20차(16차)에 걸친 교육과정을 편성해야 한다. 특히, 교육생들이 현장실습을 나가기 전에 실습의 목적과 의미, 실습의 과정, 실습생의 자세 및 태도 등 현장실습 전반에 대한 안내와 지도를 실시해야 한다.
- 지도교수는 현장실습이 이루어지는 과정 중에도 모니터링 및 관리(supervision)를 통해 전문적인 조언과 지도를 수행하고, 현장실습이 종결된 후에도 자체 평가회를 실시하여 실습결과를 점검하고 공유하도록 한다.
- 교육생의 실습결과를 중심으로 최종평가를 실시하고 학점을 부여해야 한다.

(3) 산업체 지도위원

산업체 지도위원은 일정기간 동안 대학에서 파견나온 교육생을 대상으로 업무 수행 능력을 지도하는 이를 말한다.

- 2년 이상의 실무경력과 학사이상의 학력을 가진 사람으로 선정한다.
- 교육생으로 하여금 현장업무를 수행해볼 수 있는 기회를 제공한다. 현장 업무의 전과정에 보조자로 참여할 수 있게 함으로서 S/W개발과 관련한 전반적인 업무를 보다 더 쉽게 학습할 수 있도록 해주어야 한다.
- 우선 교육생이 산업체에서 해야 할 역할을 지정하고, 현장실습 중에는 그 전과정을 옆에서 모니터링하며 중간 평가와 최종 평가를 해야 한다.

part 2

S/W 개발분야 산업체

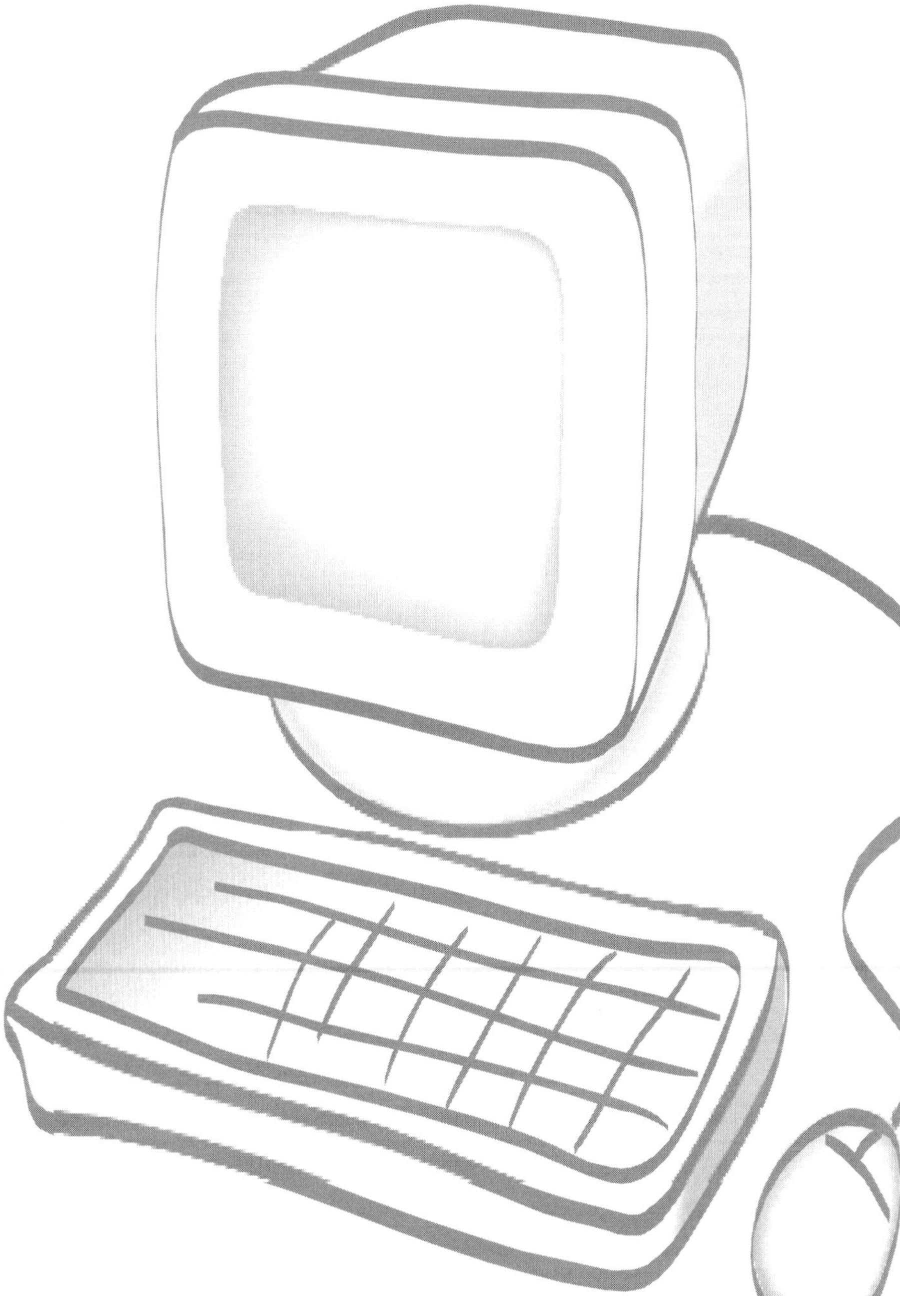

2.1 S/W 개발분야 산업체

2.1.1 S/W 개발분야 산업체 분류 및 소개

(1) (사)부산정보기술협회 PIPA(Pusan IT Parters Association)

PIPA는 정보기술 관련 기업의 경영진들로 구성된 비영리법인으로서, 회원 상호간 정보의 교환, 공동협력 및 경영관련 지식의 교류를 활성화하여 IT신기술 연구 및 상호교류, 인재양성 등을 통하여 상호이익의 도모와 지역 경제 발전 및 국가 경쟁력 강화에 기여함을 목적으로 설립되었다.

2000년에 발족한 부산지역 IT관련산업 협회이며, 현재 334명의 전문가가 등록되어 있다. 대부분은 S/W개발 업체로 PIPA에 등록되어 있지만 그렇지 않은 회사들도 다수 존재하는 것으로 파악된다.

주요기능은 다음과 같다.

- 21세기 지식정보사회 중심국가 부상과 국가경쟁력 제고를 위한 인터넷 사업 활성화 대책 추진
- 지식기반경제의 핵심인 인터넷 산업육성과 인재개발을 통한 고용창출
- 공공부분 인터넷 기반 확산과 투자증대를 통한 시장확대 및 수요창출
- 인터넷관련 신사업 개발 및 해외 신시장 개척지원
- 기업 및 공공기관의 경쟁력강화를 위한 인터넷활용 수준향상 및 고도화 지원
- 첨단 인터넷산업단지 조성을 통한 해외자본유치 확대 및 인터넷 산업의 경쟁력 기반 확충
- 민간단체로서의 협회 위상 및 대회원 서비스지원

주요사업은 다음과 같다.

- IT기업 간 NETWORK구축을 통한 시너지효과 극대화
- IT산업 수익성 확대 및 경영안정 지원 사업 추진
- IT산업관련 포럼운영
- 국제교류 활성화 및 해외진출 지원
- IT산업 육성을 위한 대정부 정책 건의활동
- 인력개발을 위한 교육사업 전개
- 첨단IT산업단지 구축사업 추진
- 정기세미나, 분과위원회, 운영위원회, 연합체전, 부산IT기업가이드북 발간 등

(2) 산업체 분류

(재)부산정보산업진흥원의 2009년도 부산IT산업 현황조사 자료에 따르면 부산지역에는 1,269개사의 IT관련 산업체가 존재한다. IT기업을 특성별로 정리하면 다음과 같다. (조사에 응한 기업체 수는 1,147개) 매출액 기준으로 볼 때, 10억원 미만(무응답 포함)의 영세규모 산업체가 약 750여개 로 전체의 2/3에 해당한다.

구분		사례수	비중
전체		1,147	100.0
업종별	정보통신서비스	149	13.0
	정보통신기기	608	53.0
	소프트웨어 및 컴퓨터관련서비스	390	34.0
매출액 (2008년도)	1억원 미만	65	5.7
	1억원 - 5억원 미만	238	20.7
	5억원 - 10억원 미만	144	12.6
	10억원 - 50억원 미만	284	24.8
	50억원 이상	120	10.5
	매출액 없음	16	1.4
	무응답	280	24.4
총종사자수	1-5명 미만	333	29.0
	5-10명 미만	321	28.0
	10-20명 미만	247	21.5
	20-50명 미만	164	14.3
	50명 이상	74	6.5

출처: 2009 부산IT산업 현황조사 및 동향분석, (재)부산정보산업진흥원

또한 직종별 종사자 수는 평균 25명이고, 연구/기술직은 평균 4.8명이며, 기타 직종에 종사하는 사람들의 수는 다음 표와 같다. 연구/기술직 평균 보유인력 수가 5명보다 적어서 현장실습을 준비하는 교육생들에게 멘토로서 충분한 역할을 해주기 바라는 것은 어려운 것이 현실이다.

구분	총종사자	세부종사자수				
		인원	기획/관리직	마케팅/영업직	연구/기술직	생산직
평균	25.0	1.7	4.1	5.9	4.8	8.3
합계	28,530	1,929	4,616	6,765	5,452	6,449

출처: 2009 부산IT산업 현황조사 및 동향분석, (재)부산정보산업진흥원

산업체에게 특히, 연구/기술직 종사자에게 방해가 되지 않고 오히려 도움을 줄 수 있는 현장실습 프로그램의 도입이 필요한 이유가 여기에 있다.

또한, 부산지역의 IT관련업체를 분류한 그래프는 다음과 같다.

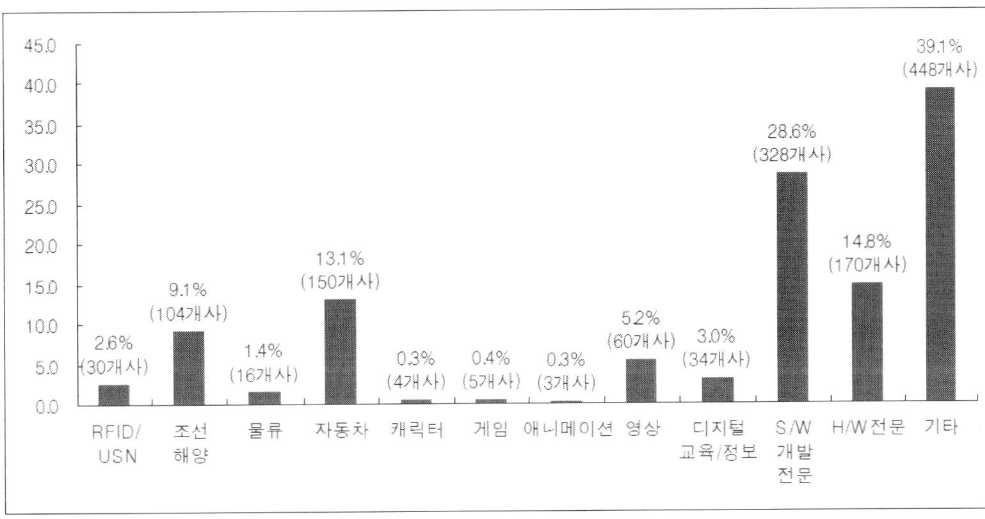

S/W개발 전문회사의 개수가 328개사로 다른 분야의 회사들보다 훨씬 높은 비중을 차지하였다. 또한 자동차, 조선해양, RFID/USN분야도 S/W개발과 전혀 관련이 없다고 볼 수 없으므로 S/W개발과 관련한 업체의 수는 500개사를 훨씬 상회한다.

주요 사업이 컴퓨터관련인 부산지역의 업체들은 다수 존재하며, 정보산업진흥원의 업체 소개 정보를 참고하여 크게 컴퓨터관련서비스, 패키지 S/W사업, 디지털컨텐츠 개발서비스 군으로 나누어 소개한다.

구분	상세분류	업체명	연락처
컴퓨터관련서비스	시스템통합	해람정보기술(주)	517-0423
		마린크래프트	461-5222
		(주)띵크마린	333-1844
		(주)한스콤정보통신	507-0364
		금강테크	312-7606
		(주)팜아이앤씨	512-0406
		토털소프트뱅크	524-6387
		(주)콤텍시스템	464-4911
		(주)우성네트웍스	610-1801
		(주)컴스	310-0300
		(주)이비텍씨엔이	466-1370
		(주)비노기술	710-0114
		(주)아이유비	518-4982
		(주)늘푸른정보기술	554-1006
		유소프트	904-1399
		유씨테크주식회사	744-0990
		대한마이크로시스템즈(주)	807-4470
		태진시스템	366-2413
		(주)하나글로벌	441-1345
		(주)시스인포	643-0531
		(주)도울정보기술	646-0456
		(주)라이온플러스	553-8856
		바이콤	867-3700
		(주)신동디지텍	467-5001
		국제전산개발	466-2402
		(주)모든정보	202-0900
		(주)엘스콤	329-8990
		(주)한길테크	521-4240
		(주)이이티윈	245-5321
		(주)동남네트웍스	831-5775
		(주)사이버맵월드	516-3253
		(주)인비닷컴	553-4911
		애드뱅크	626-4002
		(주)젠투	503-6824
		(주)제이씨텍	329-7891
		(주)시스인포	643-0531
		(주)코리아컴퓨터	468-7745
		(주)인트마	853-9984
		(주)라이온플러스	553-8856
		(주)세광네트워크	442-5260
		(주)세종시스템즈	303-1592
		셀파시스템	639-0100
		나우비지니스	947-0039

구분	상세분류	업체명	연락처
컴퓨터관련서비스	시스템관리 및 유지보수	그린정보	553-0672
		(주)오경정보기술	517-6886
		불스정보통신주식회사	504-9922
	자료처리	(주)코쿤	291-6822
	ASP	(주)인비닷컴	553-4911
		(주)인트마	853-9984
패키지 S/W사업	시스템S/W	금강테크	312-7606
		프로엠테크놀리지	753-4812
		(주)젠투	503-6824
		(주)장산아이티	637-8932
	응용S/W	마린소프트	418-4930
		(주)퀘스트정보기술	316-0173
		(주)캐드앤소프트	803-5462
		(주)모든정보	202-0900
		(주)우원소프트	311-9235
		(주)이씨스	966-7000
		(주)제이씨텍	329-7891
		신화엘컴주식회사	303-9633
		다우테크(주)	311-2934
디지털콘텐츠개발 서비스	정보용디지털콘텐츠개발	제이엔드케이	633-9866
		아이리얼	317-8333
		시스가인(주)	610-1977
	디지털영상물개발서비스	(주)iKNN	741-6113
		JMC	622-6077
		디자인스튜디오	701-2542
	기타 디지털콘텐츠 개발시비스	삼원FA(주)	630-3000
		소나테크(주)	403-7797
		(주)지엑스	418-4134

2.1.2 현장실습 가능 직무분석

(1) 산업체에서 바라보는 현상실습

지역에 있는 S/W 개발 관련 산업체는 그 규모가 크지 않다. 특별한 경우를 제외한 대부분의 산업체들은 수 십명의 개발 직원을 두고 있으며, 수 명의 개발 직원을 둔 산업체도 적지 않다. 따라서 현장실습으로 수행할 수 있는 직무의 폭이 넓지 않다.

어떻게 산업체와 실습학생, 그리고 대학이 모두 만족할 수 있는 직무를 수행할 것인가에 대한 충분한 논의가 필요하며, S/W 개발에 대한 일반적인 직무를 나열해보고 그 중에서 현장실습으로 효과가 있을 만한 부분을 찾고자 한다.

일반적인 S/W 개발 회사는 다음과 같은 직무들로 구성된다. 보통 S/W 개발 모형으로 흔히 사용하는 가장 단순한 폭포수 모형은 다음과 같다.

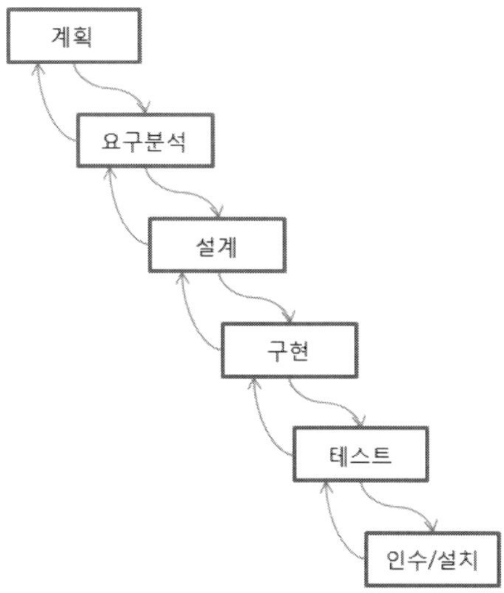

단계명	상세 역할	출력물	현장실습 가능부분
계획	문제 정의 타당성 분석 비용, 일정 예측	개발계획서	문제 정의 비용 분석
요구분석	DFD(Data Flow Diagram) 자료사전 작성 소단위 명세서	요구분석서	요구분석서 작성지원
설계	시스템 구조설계 프로그램 설계 UI설계	구조설계서, 상세설계서	각종설계서 작성지원
구현	프로그래밍 단위프로그램 테스트	프로그램 소스	프로그램 소스 작성 단위프로그램 테스트
테스트	통합테스트 기능테스트 성능테스트	테스트결과보고서	각종 테스트 요원
인수 설치	인수테스트	설치된 소프트웨어	설치 요원 설치 지원 요원 설치 매뉴얼 작성

폭포수 모형 방법론과 반대로, 최근의 소프트웨어 공학에서는 개발 과정의 각 단계가 얼마만큼 지속적으로 융화되느냐에 초점을 두고 있다. 예를 들자면, 분석가와 설계자는 분석과 설계 단계를 오가면서 프로그래머에게 줄 탄탄한 기본을 키워간다. 프로그래머는 분석가, 설계자와 함께 의견을 주고받으면서 각자의 의견을 나누어 공유하고, 설계를 고치며, 자신의 코드를 견고하게 만든다. 이 방법의 좋은 점은 작업의 이해도가 증가할수록 개발팀은 새로운 아이디어를 통합시키고 더욱 탄탄한 시스템을 구축할 수 있다는 점이다. 하지만 이에 반하여 개발에 참여하는 사람들 가운데에는 작업 도중에 구체적인 결과물을 보고 싶어 하는 사람들이 있다는 사실이 걸림돌로 작용한다. 프로젝트 관리자가 의뢰인에게 이렇게 말할 수 있는 것 아닌가. "분석은 다 끝났고요, 현재는 설계중입니다. 설계 기간은 2-3일 정도이고, 바로 코딩에 들어갑니다. 계약금 빼앗지 마세요". 말은 이렇게 하더라도, 실제로 이렇게 하면 의뢰인의 수가 줄어들게 될 것이다. 각 개발 단계별로 벽을 쌓는 것부터가 의뢰인이 원하는 시스템을 만들어낼 확률을 낮춘다는 사실을 명심해야 한다.

시스템 개발에 있어 행해진 과거의 방식은 또 한 가지의 문제를 가지고 있다. 폭포수 모델에 집착하다가는 코딩이 차지하는 시간 비율이 엄청나게 늘어날 수 있다. 시스템 분석과 설계에 필요한 알토란같은 시간을 빼앗는 일은 사양해야 한다.

따라서 개발과정에서 다음과 같은 생각을 가져야 한다.

① 해결하고자 하는 문제를 개발팀이 명확하게 이해할 수 있도록 한다.
② 한 팀이 여러 가지 역할을 가진 멤버로 이루어질 수 있다는 것을 고려한다.
③ 각각의 역할을 맡은 멤버간의 의사소통이 원활하도록 한다.
④ 프로젝트 진행 중에 각 단계간의 피드백을 수용하고 고려한다.
⑤ 의뢰인에게 보여줄 수 있는 작업 결과물을 만들어내되, 불필요한 문서화는 하지 않는다.

지금까지 이야기한 요구사항의 다방면을 정리하고 그것에 대한 대응책을 던져주는 뜻에서 GRAPPLE(Guidelines for Rapid APPLication Engineering)를 소개한다. GRAPPLE은 다섯 개의 진행영역으로 이루어져 있다. 각 진행 영역은 순서대로 여러 개의 동작으로 구성되어 있다. 각각의 동작에서 작업 결과물이 만들어지며, 보통은 각 동작에 대한 담당자가 구분되어 있다.

대부분의 경우, 이렇게 만들어진 작업 결과물은 프로젝트 관리자에 의해 종합되어 의뢰인에게 보여지지만, 사실 작업 결과물은 단지 의뢰인에게 보이기 위해서 만드는 것이 아니라, 불필요한 문서화를 따로 하지 않고 작업 과정의 진척을 유지하고 관리하기 위해서 만든다.

GRAPPLE은 객체지향 시스템을 기준으로 고안되었다. 따라서, 각 진행 영역을 이루고 있는 동작들은 객체지향적 성격에 맞는 작업 결과물을 만들어내도록 조정되었다.

다섯 개의 진행영역은 다음과 같다.

① 요구사항 수집(Requirement Gathering)
② 분석(Analysis)
③ 설계(Design)
④ 개발(Development)
⑤ 배포(Deployment)

위의 앞머리를 하나씩 따면 RADDD가 되는데 이것을 줄여서 RAD3이라고 부른다. 세 번째 진행 영역 이후에는 프로젝트 관리자가 작업 결과물을 취합하여 의뢰인과 개발자에게 보일 수 있는 설계 문서로 만들어낸다. RAD3의 전체 진행영역이 끝나면, 그 때까지 만들어진 작업 결과물이 합쳐져 시스템을 정의하는 문서로 만들어지는 것이다.
이와 같은 처리에 UML(Uniform Modeling Language)은 좋은 도구로 사용되며, UML이 도입되어 있지 않은 산업체의 경우는 이번 기회를 통하여 문서화의 레벨을 업그레이드할 필요가 있다. 산업체의 입장에서도 UML에 대한 학습이 꼭 필요하며, 현장실습을 수행 중인 교육생과 함께 실제 현업의 업무를 대상으로 작업해 보는 것이 가장 바람직하다.
현장실습과정에서 교육생이 실제로 의뢰인을 만나서 요구사항을 수집하여 분석하는 일을 맡기는 쉽지 않을 것이다. 그러나 산업체에서 개발한 실제 시스템을 대상으로 요구사항 수집에 대한 자료를 분석해 보는 것은 충분히 가능하다. 또한 요구사항 분석에서 미비한 점을 확인하여 차후 시스템 개발을 위한 피드백 자료로 제공하는 것은 산업체의 입장에서도 반가운 일이다.
교육생은 “요구사항 수집” 진행 영역의 결과를 가지고 더욱 자세히 작업하여 문제의 이해도를 높인다.

(2) S/W 제작에 있어서 현장실습 직무분석

현장실습으로 교육생이 할 수 있는 일은 다양하지만, 교육생의 적성이나 지적 레벨이 달라서 현장에서 맡을 수 있는 업무는 제한적일 수 있다. 그기에 더하여 실제 현장실습 대상 산업체의 성격과 환경에 따라서도 할 수 있는 일이 제한된다. 따라서 산업체가 정해진 다음, 현장실습 대상자에게 가장 맞는 직무를 부여하는 것이 중요하다. 객관적 자격검증 외에 간단한 테스트, 설문, 면담을 통하여 현장에서 담당해야할 직무를 파악해낼 필요가 있다.

직무 평가기준	테스트, 설문조사, 면담 등의 형태로 진행	80점	• 관련 경험 유무 • 산업체가 주로 사용하는 컴퓨터 언어 습득 정도 • 산업체가 사용하는 툴 사용법 • 업무 도메인 이해도 • 본인이 원하는 업무 • 산업체가 원하는 업무
	객관적 자격검증	20점	• 학점, 관련 자격증 보유, 경시대회 출전여부
	합계	100점	

직무능력을 평가하여 실습생들의 레벨을 아래와 같이 3단계로 나눈다.

첫 번째: 산업체에서 대외 업무처리 및 현장정리, 테스트 등에 투입되는 업무 보조 인력

두 번째: 요구분석부터 객체 설계, 소스와 관련된 각종 다이어그램 정리, 유저 매뉴얼 제작 등에 투입되는 문서화 인력

세 번째: 산업체의 소프트웨어 개발에 직접 참여하여 공기를 단축시키는데 이바지할 수 있는 개발 보조 인력

1) 업무 보조인력으로서 현장실습

소규모 S/W 개발 산업체는 당장 전화를 받을 인력조차도 귀한 경우가 많다. 개발인력이 직접 고객의 전화를 받게 되면 개발의 집중도가 떨어지게 되고 이는 생산성 하락으로 연결되며, 개발인력이 아닌 관리 인력을 따로 둔 경우에도 개발 쪽과는 거리가 있는 문과 계열 출신인 경우가 많기 때문에 고객의 기술 질의와 관련된 전화 받기를 꺼리는 경향이 있다. 현장에 가장 쉽게 투입되는 경우는 고객의 전화를 받는 것부터 시작할 수 있다. 단, 전화응대는 기업의 이미지를 크게 좌우하므로 전화예절을 정확히 숙지한 후에 투입하는 것이 바람직하다. 현장실습 중인 산업체의 인적 구성을 숙지한 후에는 관련학과를 졸업하고 S/W 개발에 대한 이론적인 지식만 있더라도 우선 걸려오는 전화응대 후에 담당 기술자로 넘겨주는 작업 정도는 충분히 가능하다.

또한, 중소 규모의 S/W 산업체는 개발 중인 S/W의 납기를 맞추기 위하여 잦은 야근이나 휴일 근무 등이 빈번하게 발생하곤 한다. 따라서 주위 환경을 정리 정돈하면서 업무를 지속할 수 없을 정도로 개발에 매달리기도 한다. 이러한 경우, 주위 환경을 정리 정돈해줄 수 있는 잉여인력이 있다면 산업체에 도움이 된다.

개발 중인 시스템을 대상으로 다양한 필드 테스트가 필요한 경우, 제3자의 테스트가 필수인데 현장실습 중인 인력이 있다면 고객에게 납품하기 전의 테스트에 투입할 수 있다. 기초적인 에러부터 사용시 불편한 사항까지 미리 내부 테스트에 의해 보고받고 수정한 다음에 납품한다면 고객으로부터 신뢰를 높이는데 크게 이바지할 것이다.
업무 보조역할의 교육생 입장에서 보면 생생한 현장을 경험할 수 있는 이점은 있지만 공학도로서 기술적인 자기 발전에는 미미한 단점이 있다. 이를 보완하는 방법으로 해당 산업체가 주력으로 사용하는 언어의 습득을 할 수 있도록 한다. 언어의 기본적인 구조와 실무에 사용된 실제 예제를 보면서 언어 구현의 기초를 다지도록 한다. 현장실습을 마칠 때 완성해야할 시스템 구현목표를 미리 정하여 두고, 이를 달성하기 위한 노력을 경주한다.

2) 문서화 인력으로서 현장실습

S/W 개발 관련 산업체에 따라 주력 S/W가 다르다. 패키지 사업을 하는 경우는 보유하고 있는 소수의 S/W를 대상으로 꾸준히 기능을 개선해 나가면서 고객의 만족도를 높여 나가기 위해 노력할 것이고, SI사업을 하는 경우는 새로운 S/W 제작을 꾸준히 진행해야 하므로 S/W 재사용성에 관한 기술에 큰 관심을 가지게 된다. 어느 쪽도 요구분석부터 설계, 제작, 사용자 매뉴얼에 이르는 문서화에 대한 중요성을 충분히 강조해야 하지만, 제작기한의 지나친 강조, 끊임없이 변하는 요구사항과 설계, 제작 후에 변하는 사양, 새로운 기술 등장에 따른 문서화의 버전업 등으로 소규모 산업체는 문서화에 최선을 다하지 못하는 경우가 많다. 따라서 완료된 S/W와 관련문서가 일치하지 않게 되며, 문제점을 알면서도 산업체로서는 이 부분이 수익으로 바로 연결되지 않으므로 소홀히 다루게 된다. 나중에 그 댓가를 크게 치르더라도 당장 투입할 인력이 부족하므로 폭탄을 제거하지 못한 채 밀봉해 버린다고 볼 수 있다.
제작된 S/W와 정확히 일치하는 문서화 부분을 잉여인력이 해결해줄 수 있다면 산업체로서는 큰 도움이 될 것이다. 큰 기술이 필요 없더라도 S/W 개발 문서의 전체적인 절차를 알고 있고, 소스를 읽고 이해할 수 있는 정도의 수준이라면 개발된 S/W와 어긋난 문서에 대하여 조정역할을 할 수 있다. 중급 정도의 실력을 갖춘 교육생이라면 문서화 작업에 충분히 투입이 가능하다고 사료된다. 이미 작성된 설계문서를 최근의 화두가 되고 있는 객체지향적 설계로 바꾸어보는 것도 좋다. 이때는 객체지향적 설계를 할 수 있는 툴을 사용해야 하는데 산업체가 사용하고 있는 툴을 사용하도록 한다.
교육생으로서 기술적 능력을 향상시키고자 한다면 기존에 제작된 소스코드를 살펴보며, 작은 단위의 모듈부터 보다나은 퍼포먼스를 가진 소스로 개선해보도록 한다. 문서화를 위하여 재사용가능한 모듈들의 기능을 정의하고 내부를 들여다 보게 되는데, 산업체가 보유하고 있는 실무 소프트웨어 소스코드를 살펴보고 분석해볼 수 있다는 것은 교육생으로서 자기 발전에 큰 도움이 될 수 있다. 거기에 더하여 실무 모듈을 개선하여 산업체에 제공하게 된다면 산업체 보유의 소프트웨어 안정화에 기여하게 되는 것이다.

3) 개발보조인력으로서 현장실습

S/W 개발 산업체는 늘 새로운 S/W 개발에 많은 인력을 투입하고 있다. 따라서 대부분의 산업체는 개발요원이 부족하여 한사람이 두 세 가지의 프로젝트에 동시 투입되기도 한다. 단기이기는 하지만 간단한 교육과정 후에 실제 개발에 참여할 수 있는 인력이 있다면 산업체로서는 반가운 일이 아닐 수 없다. 따라서 현장실습 교육생이지만 대학에서 스스로 자기 계발에 충실했다면 충분히 산업체의 실무 프로젝트에 참여할 수 있고 이를 개발보조 인력으로 사용할 수 있다.

어느 정도 준비된 교육생인 경우, 실제 프로젝트에 투입하여 개발인력난을 해소하는데 도움이 된다. 물론 산업체마다 사용하는 개발용 언어나 툴이 다르므로 투입 전 사전 교육은 필요하겠지만 보편적인 개발환경(MS Visual Studio환경이나 eclipse환경)이라면 대학에서 경험해 보았을 것이고 쉽게 적응할 수 있다. 이 경우는 교육생의 능력을 충분히 검증할 수 있고 협업의 한 부분을 맡아 주었으므로 해당 산업체에 직접 취업할 수 있는 기회가 주어질 확률도 높다.

교육생의 기술적 능력 향상은 실무를 해나가면서 저절로 이루어지게 된다. 산업체의 프로젝트 매니저로부터 팀의 일원으로 단위 업무를 부여받아 코드를 작성하며, 협업에 대한 훈련을 쌓을 수 있고 실무에 적용되는 한 단계 높은 기술을 익힐 수 있게 된다.

part 3

현장실습 OJT교육과정 소개

현장실습 교육과정

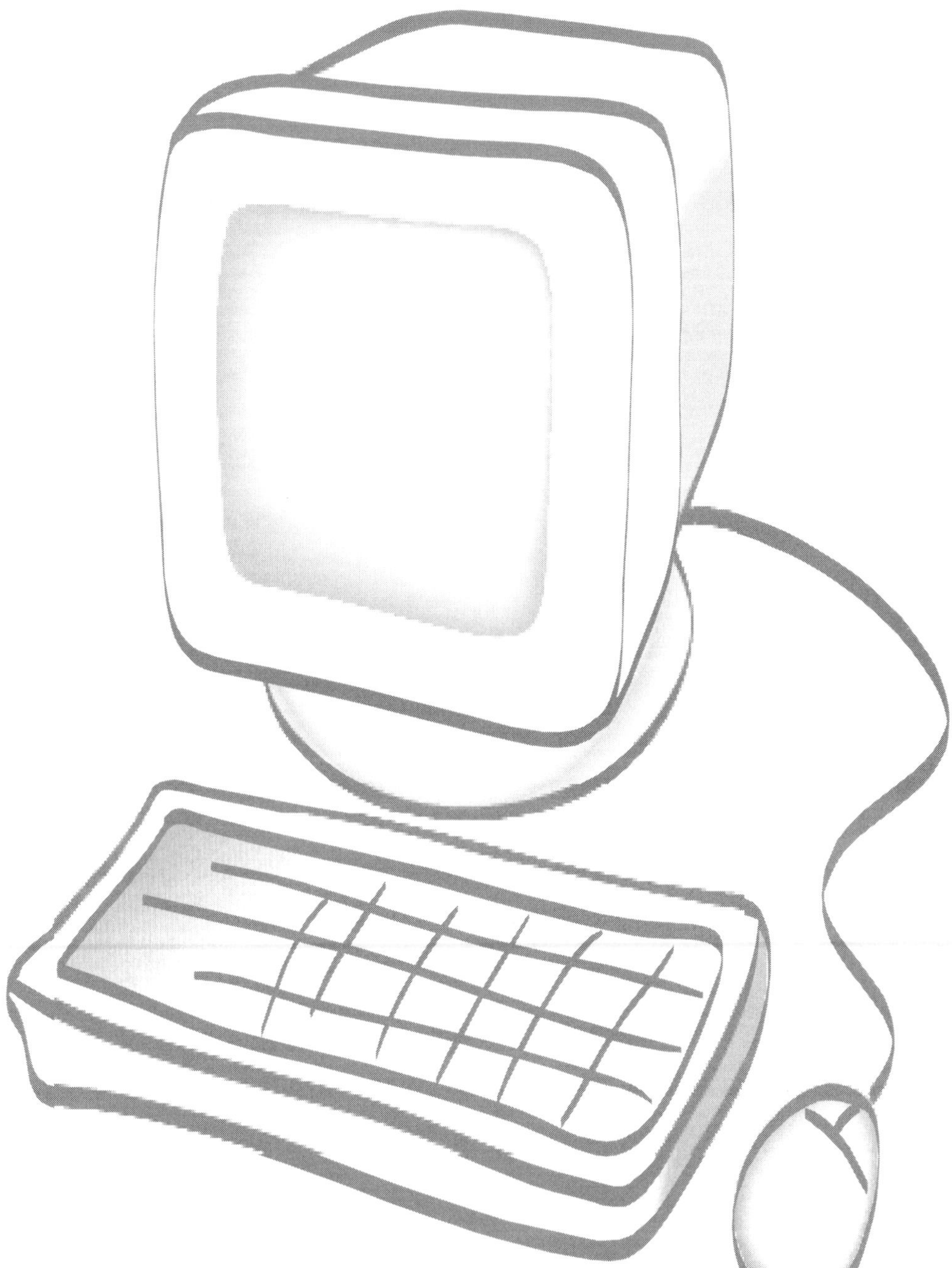

3.1 현장실습 교육과정

3.1.1 사전교육프로그램

0일차

현장실습에 선발된 교육생들을 대상으로 사전 조사와 오리엔테이션을 미리 수행한다.

실습생

- 지도교수와 면담
- 현장실습업체의 사전 조사 : 산업체의 사업 분야, 위치, 조직도 등 파악
- 현장실습에 관한 내용 이해

산업체 교육 담당자

- 현장실습 분야 선정 - 지도교수와 상담
- 현장실습 관련 서류 및 양식 점검
- 실습생 맞이할 준비

지도교수

- 산업체 교육 담당자와 상담 (전화, 직접 방문 등) : 현장실습 계획 사전 조율
- 실습생 상담
  - 현장실습 오리엔테이션 (수업계획서, 실습업체 등 사전 설명)
  - 1차 초기 점검 평가 작성

(1) 1차 초기 점검 작성 (지도교수)

▸ ▸ 현장실습 지도교수 점검표

항 목	점 검 내 용	작 성
산업체 사업 분야	• 산업체의 주력 사업 분야 및 현장실습 분야가 무엇인가?	
	• 산업체 사업 분야에 맞는 학과 전공 기초 교육과정이 무엇인가?	
	• 산업체 사업 분야에 맞는 학과 전공 심화 교육과정이 무엇인가?	
전공 능력	• 현장실습 분야에 맞는 전공 기초 능력이 어느 정도인가?	
	• 현장실습 분야에 맞는 전공 심화 능력이 어느 정도인가?	
	• 전공 설계 능력(포트폴리오 또는 설계보고서 점검)이 어느 정도인가?	
	• 실습생의 현장실습 목표는 달성되었는가?	
현장적응능력	• 팀워크 능력이 어느 정도인가?	
	• 산학관련 과제 수행 경험이 있는가?	
	• 직무인성에 대한 인지도는 어느 정도인가?	
초기 점검 평가	(평가 의견 작성)	

양식번호 HS-001p

1일차

실습생

- 실습 산업체 현황파악
- 현장실습 계획 및 목표 기준치 설정
- 레벨(입문, 기술, 전문) 테스트 받음
- 현장 직무 인성 교육 수행 및 자기계발 계획서 작성

현장실습 첫 번째 절차로 산업체 현황파악, 실습생과 산업체 교육 담당자와의 첫 대면이며 레벨테스트가 이루어진다.

(1) 실습 산업체에 대한 이해 워크시트 작성

워크시트를 작성하면서 산업체에 대한 현황을 정확히 파악한다.

▸ ▸ 산업체 조사 워크시트

기관명	
위치	
산업체연혁	
설립이념	
주요사업내용	
시설현황	
주요 거래처	

양식번호 HS-101s

(2) 현장실습 계획 및 목표 기준치 작성

산업체 교육 담당자의 일차별 계획서에 의거 실습생의 기준에 맞게 목표 기준치 작성

▸▸ 현장실습 일차별 계획서

교과목명			
실습기간	20 . . ~ 20 . .	회사명	
지도교수		산업체교육담당자	

▸ 일차별 주요계획 ◂

목표	전체 주요 실습 계획과 목표를 기입
1일차	산업체 소개, 교육생 레벨테스트, 인성교육
2일차	일차별 주요 실습 계획과 목표를 기입
3일차	
4일차	
5일차	
6일차	
7일차	
8일차	
9일차	
10일차	중간평가
11일차	
12일차	
13일차	
14일차	
15일차	
16일차	
17일차	
18일차	
19일차	
20일차	최종평가

양식번호 HS-102s

(3) OJT 실습생 자기계발 계획서 작성

자기 계발 계획서

※ 실습 1일차 인성교육 시간에 작성

실습생	성명	(인)	소속		지도교수명	(인)
산업체교육담당자	성명	(인)	소속		담당업무	

▣ Vision 설정과 장애요인(학생)

구 분	기대치	장애요인
개 인		
가 정		
직 장		
내가 생각하는 성공이란?		

양식번호 HS-103s #1/2

▣ 자기계발 종합계획서(학생)

부문	계발항목	목 표	기간	방 법	기타
자신					
가정					
직장					
기타					

양식번호 HS-103s #2/2

산업체 교육 담당자

- 산업체 구성인력(조직도) 소개
- 주요업무 및 거래처 소개
- 보유기술, S/W 개발, 문서화 체계 소개
- 교육생 면담 및 레벨테스트 수행
- 테스트 결과에 따른 교육생의 업무부여
- 전후반기 현장실습 계획서 작성지도
- 직무 인성교육 실시 (직무 인성교육 가이드 참조)

1) 레벨 테스트 작성

OJT 실습생 레벨 테스트 결과

<table>
<tr><td>실습생</td><td>성명</td><td>(인)</td><td>소속</td><td></td><td>지도교수명</td><td>(인)</td></tr>
<tr><td>교육자</td><td>성명</td><td>(인)</td><td>소속</td><td></td><td>담당업무</td><td></td></tr>
<tr><td>테스트일자</td><td colspan="6"></td></tr>
<tr><td rowspan="4">테스트방법</td><td colspan="2">방법(택일 가능)</td><td colspan="3">결과 내용</td><td>평가(상,중,하)</td></tr>
<tr><td colspan="2">산업체 지도위원의 면담/상담 또는 실습생의 포트폴리오</td><td colspan="3"></td><td></td></tr>
<tr><td colspan="2">프로그램 개발 능력 테스트 (C/C++/C#/Java, 윈도우즈프로그래밍, 모바일프로그래밍 등등)</td><td colspan="3"></td><td></td></tr>
<tr><td colspan="2">하드웨어 숙련도 테스트 (임베디드, FPGA, ARM 분야, WinCE 분야 등등)</td><td colspan="3"></td><td></td></tr>
<tr><td>결과</td><td colspan="6">입문(　), 기술(　), 전문(　)
※ 3개중 한 항목에 ○ 표시</td></tr>
<tr><td>총 평</td><td colspan="6">※ 테스트 담당자 총평 기입</td></tr>
</table>

양식번호 HS-104m

2) OJT 전후반기 계획서 작성

OJT 전후반기 계획서(예시)

구 분	교육레벨
세부내용	입문(O), 기술( ), 전문( )

▸ **전후반기별 계획**

일 정		산업체보조 측면	자기계발 측면
교 육 전반기	교육목표	• 회사 정리 정돈 • 전화고객-담당자 연결해주기 • 산업체보유 S/W 기능 학습	• 인성 계발 훈련 - 출퇴근 시간 철저 - 지시업무 철저 이행훈련 - 대인 친화력 향상 - 상냥하고 친근한 인사법 유지 • 실무 프로그램 기초 학습 - 산업체보유 기술 파악을 위한 기초학습 - 기초 랭귀지 학습
교 육 후반기	교육목표	• 회사 청결유지 담당 • 전화고객 상담하기 • 산업체보유 S/W 테스트 후 개선방안 도출 • 개발 중인 S/W의 테스트 및 에러리스트 작성하기	• 인성 계발 훈련 - 10분전 출근, 10분후 퇴근 익히기 - 지시받지 않은 업무 스스로 하기 - 대인 친화력 향상 - 상냥하고 친근한 인사법 유지 • 실무 프로그램 기초 학습 - 산업체 사용 툴 사용법 학습 - 산업체보유 기술 파악 - 산업체보유 기술 습득

OJT 전후반기 계획서

구 분	교육레벨
세부내용	입문( ), 기술(O), 전문( )

▸ 전후반기별 계획

일 정		산업체보조 측면	자기계발 측면
교 육 전반기	교육목표	• 회사 정리정돈 • 산업체보유 S/W 개략적 기능 학습 • 문서화된 자료들 숙독 • 문서화된 자료들 미비점 분석 • 미비한 문서화에 대한 추가처리	• 인성 계발 훈련 – 출퇴근 시간 철저 – 지시업무 철저 이행훈련 – 대인 친화력 향상 – 상냥하고 친근한 인사법 유지 • 기술 계발 훈련 – 객체지향분석법 학습 – 산업체보유 문서화기법 학습 – 문서화된 자료들 숙독
교 육 후반기	교육목표	• 회사 청결유지 • 산업체보유 S/W 세부기능 학습 • 사용자 매뉴얼 버전업 • 문서화된 자료들 미비점 분석 보완 • 각종 자료 및 문서 정리 • 새로작성되는 시스템의 문서화	• 인성 계발 훈련 – 10분전 출근, 10분후 퇴근 익히기 – 지시받지 않은 업무 스스로 하기 – 대인 친화력 향상 – 상냥하고 친근한 인사법 유지 • 기술 계발 훈련 – 객체지향분석법에 의한 현장적용 문서화 기술 습득 – 산업체보유 문서화기법 학습 – 문서화의 중요성 인식 및 기술향상

OJT 전후반기 계획서

구 분	교육레벨
세부내용	입문( ), 기술( ), 전문(O)

▸ **전후반기별 계획**

일 정		산업체보조 측면	자기계발 측면
교 육 전반기	교육목표	• 회사 정리정돈 • 산업체보유 S/W 개략적 기능 학습 • 문서화된 자료들 파악 • 현재 개발중인 프로젝트 보조 • 단순한 보조프로그램 작성 • 협업요원으로 근무	• 인성 계발 훈련 – 출퇴근 시간 철저 – 지시업무 철저 이행훈련 – 대인 친화력 향상 – 상냥하고 친근한 인사법 유지 • 기술 계발 훈련 – 산업체 개발 기법 노하우 전수 – 산업체보유 문서화기법 학습 – 실무 소프트웨어 개발기회 – 협업 노하우를 익힘
교 육 후반기	교육목표	• 회사 청결유지 • 산업체보유 S/W 세부기능 학습 후 개선방향 정리 • 개발 지원 인력확보 • 개발공기 단축 • 각종 자료 및 문서 정리 • 검증된 인력채용 기회확보	• 인성 계발 훈련 – 10분전 출근, 10분후 퇴근 익히기 – 지시받지 않은 업무 스스로 하기 – 대인 친화력 향상 – 상냥하고 친근한 인사법 유지 • 기술 계발 훈련 – 실무 프로젝트 참여기회 획득 – 전체 프로젝트의 흐름파악 – 현장 예외처리 기법 학습 – 프레임워크 접목부분 학습

OJT 전후반기 계획서

구　분	교육레벨
세부내용	입문(　), 기술(　), 전문(　)

▸ **전후반기별 계획**

일　정		산업체보조 측면	자기계발 측면
교 육 전반기	교육목표		
교 육 후반기	교육목표		

양식번호 HS-105m

3) 직무 인성 교육 가이드

직장 기본예절

실습생들은 산업체 지도위원의 지도하에 직장 내 기본예절을 미리 경험함으로써 향후 취업 시 예절에 어긋나지 않는 올바른 직장 생활이 될 것이다. 직장 예절에는 직장 생활 마음가짐, 직장 내에서의 기본예절, 하급자/상급자에 대한 예절, 사무실 예절, 상담 예절, 명함교환 예절, 악수예절, 회의실 예절, 대화 예절, 전화 예절, 용모와 복장 등 있으나, 이들 중 몇 가지만 소개하여 숙지하도록 한다.

직장

- 직장을 절대로 “잠시 쉬었다 가는 곳”으로 생각하지 말라.
- 직장은 가장 왕성하게 활동할 시절에 “돈을 받아가면서 무엇인가 배우는 수련의 장”이다.
- 하루 생활의 3분의 1을 보내는 “삶의 터전”이다.
- 언제나 노력의 대가는 헛되지 않다.

인사 예절

- 인사란
  - 인간관계가 시작되는 만남의 첫 신호이다.
  - 상대방에게 줄 수 있는 첫 번째 감동이다.
  - 인사는 상대방을 위하기보다는 나 자신을 위한 것이다.
  - 상대방에 대한 존경심과 친절을 나타내는 형식이다.
- 인사의 5 point
  - 내가 먼저
  - 상대방의 눈을 보고 미소 지으며
  - 상대방에게 맞추어서
  - 명랑하게 호칭하며
  - 표정을 밝게, 지속적으로

출근 예절

- 출근시간 10분전까지 도착하여 간단한 청소, 정리정돈 및 하루의 일과 계획을 점검한다.
- 사무실에 들어서면 인사를 망설이지 말고 상사나 동료를 향해 "안녕하십니까?" 라고 먼저 한다.
- 아침에는 활기찬 표정과 태도로서 명랑한 인사를 나눈다.
- 윗사람이 들어서면 일어서서 인사를 한다.
- 부득이한 사정으로 결근 또는 지각을 했을 경우에는 상사에게 솔직하게 사유를 보고 한다. (슬그머니 자리에 앉는 것은 좋지 않다) 그러나 이때, 먼저 사과부터 한다. 이유나 변명부터 먼저 하는 것은 예의가 아니다.

근무 예절

- 회사의 규정을 준수하며 단정하고 예의 바른 업무태도를 갖는다.
- 개인적인 전화나 잡담을 삼가 한다.
- 사적 방문객으로 회사의 업무에 지장을 가져와서는 안 된다.
- 근무시간 중에는 업무와 관련이 없는 책을 읽는다든지 개인적인 일을 하지 않는다.
- 식사시간은 정해진 시간 이상으로 보내지 않는다.
- 매일 업무에 관련된 모든 문서의 정리, 분류, 보관이 밀리지 않도록 한다.

퇴근 예절

- 책상 위는 깨끗이 정돈하고 의자는 책상 밑으로 집어넣는다.
- 퇴근 준비는 근무시간이 끝난 다음에 하고, 시간이 채 되기 전에 슬그머니 정리하지 않도록 하며, 가능하면 하던 일을 끝내는 성의가 있어야 한다.
- 퇴근 시간이 되면 업무를 마무리하고 내일 할 일을 간단하게 기록해 둔다.
- 상사나 남아계시는 분들께 "먼저 퇴근하겠습니다. 먼저 나가겠습니다."등 간단한 인사를 잊지 않도록 한다.
- 전화 약속을 여러 곳에 해둔 채로 퇴근하는 일이 없도록 한다.

자리 비울 때

- 공적이든 사적이든 외출할 때는 가능하면 미리 상사에게 말씀을 드린다.
- 30분 이상 자리를 비울 때는 책상을 정리하고 떠나도록 하고, 옆 동료에게 외출의 목적과 행선지, 귀사 예정 시간을 분명히 알려주고 떠나야 한다.

대화예절

- 대화란
  - 대화는 서로간의 의사전달, 감정과 인격의 교류이다.
  - 대화에 참여한 나 자신이 바로 회사의 얼굴이다.
- 대화의 기본 요소
  - 대화는 말하기와 듣기의 반복이다.
  - 말하기와 듣기의 포인트 : 어조, 시선, 표정, 태도
- 적극적 경청
  - 흥미와 성의를 보이려는 마음가짐이 중요하다.
  - 상대방의 마음을 불안하게 하지 않는다.
  - 시선을 자주 마주치면서 듣는다.

- 상대방의 말에 맞장구를 치거나 복창을 한다.
- 질문을 함으로써 상대방을 신나게 한다.

전화예절

- 전화는 보이지 않는 회사의 얼굴이다.
  - 전화 받는 태도에 따라 회사와 본인에 대한 느낌이나 이미지에 커다란 영향을 줄 수 있다. 좀 더 친절하고, 좀 더 명랑하게, 상대를 존중하는 마음으로 전화를 받아 보자.
- 전화는 벨이 울리자마자 받는 것이 예의이다.
- 세 번 이상 벨 소리가 울린 후에 받을 때에는 "늦어서 죄송합니다."하고 전화를 받는 것이 상대방에 대한 예의이다.
- 전화 받는 사람의 목소리가 그 회사의 첫인상!
  - 전화를 받을 때는 먼저 분명하고 정확하게 자신을 밝혀야 한다.
    (항상 "정성을 다하겠습니다. ××부 ×××입니다."라고 말한다.)
  - 전화 통화는 항상 존댓말을 쓴다.
- 메모를 위해 펜과 종이를 준비한다.
- 전화를 받을 사람이 자리에 없을 경우, 용건을 물어 요점을 메모한다.
- 전화를 끊을 때는 작별 인사를 잊지 말아야 한다.
- 상대가 전화를 끊는 것을 확인하고 끊는다.

회의예절

- 회의 목적을 이해한다.
  - 배포된 자료는 사전에 읽어본다.
  - 의제에 대한 의견, 견해를 정리해 둔다.
- 회의 시간을 엄수한다.
  - 일시와 장소를 확인해 둔다.
  - 먼 거리는 교통편을 확인해 둔다.
- 혼자서 너무 오랫동안 말하지 말고 여러 사람이 의사를 개진 할 수 있도록 배려한다.
- 남에게 불쾌감을 주는 태도나 발언은 금물이다.
- 회의 규칙을 존중한다.
- 발언 내용은 주제에서 벗어나지 않는 것이어야 한다.
- 의제와 관계없는 사담은 피한다.
- 남의 말을 가로막거나 중단시키는 행위는 삼가야 한다.

자료 : 동명대학교 산학협력단(2010). 재인용

자기개발 계획서

▸ ▸ Life Management 설계

Life Management를 하는 목적은 인생의 성공자가 되기 위해서이다.
성공자가 되기 위해서는 2가지 요소 – 방향성(Vision)과 그것을 이룰 수 있는 지속성(System)이 요구된다.
방향성을 명확히 하고 그것을 달성할 수 있는 추진성과 한정된 자원을 재 집중, 관리하는 자기계발의 마음가짐이 있어야 한다.
그것이 바로 삶의 비전을 창조하는 일이다.

- Life Management을 위한 체계적인 방안
  - 현 위치에서 자신을 분석하고 경쟁력을 키운다.
  - 자기 관리의 계획을 세우고 자신의 가치관을 점검한다.
  - 자기계발의 방법과 균형 잡힌 삶을 관리한다.
  - 목표를 설정하고 실천방안을 검토한다.

- 무계획은 실패를 계획하는 것이다.
  - 목표는 세워서 무엇하지? 내 능력은 내가 알고 있는데...
  - 지금은 너무 바빠서 계획을 세울 시간조차 없다. 한가할 때 세워야지.
  - 중간 중간에 예상치 못한 일이 너무 많아서 계획을 세워도 소용이 없다?
  - 난 계획을 세우는데 시간이 너무 오래 걸려! 차라리 그냥 하자.
  - 지금까지 계획을 여러 번 세워 보았지만 지킨 적이 거의 없다.
  - 계획을 세우는 것은 시간낭비이다.
  - 매번 세워도 지켜지지 않는 목표?
  - 순간순간 최선을 다하면 되지 골치 아프게 무슨 목표설정을...
  - 목표설정은 중요한 줄이야 알지만 실천하기가 어려워서...
  - 뻔한 목표, 뻔한 결과, 내 머리 속에 다 있는 걸...

▸▸ 자기혁신을 위한 준비

- 자신이 매너리즘에 빠져있는지 점검할 의식을 스스로 갖는다.
- 명확한 미래의 목표를 설계하고 도전, 노력한다.
- 무슨 일이든 호기심을 갖고 미지의 것에 대하여 탐구하는 자세를 갖는다.
- 자신의 능력과 체력의 한계를 극복하려 한다.
- 매일 매일 자신을 위한 동기부여를 하도록 한다.
- 스스로 곤란한 일에 몰두하여 전력투구한다.
- 언제나 장래의 꿈과 희망을 지니고 있다.
- 미래를 위한 계획적인 자기계발을 지속한다.

▸▸ 보편적 인생목표 검토

인생의 각 항목별 중점목표를 적어보세요

영역별 항목	중 점 목 표
건강 영역	
경제 영역	
가정 영역	
직장 영역	
사회 영역	
여가 영역	
개발 영역	

※ 조금만 생각하면 몇 개의 항목을 묶어서 프로젝트로 만들 수 있을 겁니다. 그러면 당신은 한 번의 주된 노력으로 더 많은 것들을 성취할 수 있습니다.

▸▸ 개인의 목표달성을 위한 조언

1. 당신의 목표는 당신 스스로의 것이어야 한다.
2. 목표는 명확하고 구체적이며 글로 씌어져야 한다.
3. 단기목표에서부터 착수한다.
4. 당신의 목표에서 합법성, 윤리성, 도덕성을 검토한다.
5. 목표는 현실성이 있고 실현 가능하여야 한다.
6. 시한을 명시하는 것이 목표달성에 도움을 준다.

▸▸ 창조적 자기완성의 과정

- 제1단계 : 자기 내부와의 대화 (내어:Endophasia)를 통하여 강한 열망을 마음속으로부터 갖는 욕구를 구체화 시키는 동기를 부여한다.
- 제2단계 : 어떤 것을 어떻게 진행해 나가겠다는 구체적 자기계발의 행동계획이 수립되어져야 한다.
- 제3단계 : 강한 도전의식과 직접 일에 부딪침으로 해서 그 일 속에서 얻어지는 노력의 기쁨을 획득하는 만족을 얻도록 한다.
- 제4단계 : (동기부여 - 행동계획 수립 - 도전의식의 획득)으로 비롯된 구체적 자기완성의 목표가 자기 스스로를 위해 긍정적이고 적극적으로 플러스가 되고 있다는 창조 의식을 갖도록 한다.

▸▸ 당신은 어떤 자세로 일하는가?

직장에는 크게 두 가지 타입의 사람들이 일하고 있다.
하나는 의무감으로 마지못해서 일하는 사람이고 또 하나는 신명나게 일하는 사람이다.
전자는 실패자가 되기 쉽고, 후자는 성공자가 되기 쉽다.
시계를 차고 다니는 이유도 "성공자는 출근 시간을 보기 위해서이고 실패자는 퇴근 시간을 보기 위해서"라는 말이 있다. 대부분의 실패자들은 근무시간 중에도 자주 시계를 들여다 본다. 시간이 안 가기 때문이다.
실패자들에게 있어서 일은 재미없는 의무일 뿐이다. 의무니까 하지 않으면 안 된다는 의식으로 '하는 척' 하다가 틈만 나면 일에서 벗어나려고 한다.
한편 성공자들은 근무시간에 충실함은 물론이고 근무시간 이외에도 기회만 있으면 열심히 일을 한다. 그들은 일하기를 좋아하기 때문이다. 일하고 난 다음에 오는 성취감을 느끼기 때문이다.
재미있는 조사가 있다. 여객기 안에서 1등석과 2등석에 앉아 있는 사람들을 대상으로 일곱 번에 걸쳐 조사를 해 보았다. 그런데 비행 중에도 1등석에서 일을 하고 있는 사람이 32.6%나 됐고, 2등석에서 일을 하고 있는 사람은 12%였다. 2등석보다 1등석이 3배 가까이 일을 하고 있는 셈이다.

▸▸ 변화와 일에 임하는 마음가짐

1. 주인정신

- 업무를 수행함에 있어 구성원 스스로가 주제가 되어, 결정하고 실행하며 책임지는 정신
  - 자발적 문제제기 및 해결
  - 정성과 혼이 깃 들인 제품 개발 및 생산
  - 개인이 가지고 있는 능력을 최대로 발휘하여 조직으로부터 부여된 사명을 책임지고 수행하며, 그 행동에 대하여 공정하게 평가받는다.
- "사람은 기업경쟁력을 창출하는 근간으로 회사의 가장 중요한 자산이다."
- "기업의 구성원 한사람, 한사람이 사회적 가치창출의 주체가 되어야 하며 가치창출의 주체로서 당사자 의식이 필요하다"

2. 목표의식

책임의식과 의욕을 가지고 적극적으로 능력을 발휘하고, 자주적으로 업무 수행하는 보람과 성취감을 갖게 되면 회사 목표를 효율적으로 달성할 수 있을 것이다.

3. 팀워크 정신

팀워크는 조화 있는 힘의 융합이며, 개인의 희생정신과 팀원들의 협력이 뒷받침될 때 강화될 수 있다.

4. 원가의식

원가절감의 노력은 아이디어의 개발, 관리방법의 개선, 제조방법의 변경 등에 의해 끊임없이 계속되어야 하며, 그것은 기업의 숙명인 것이다.

5. 개선의식

〈이 일은 왜 꼭 이렇게만 해야 하나?〉 〈다른 방법은 없는가?〉 〈보다 좋은 방법도 있을 것이다〉라는 문제의식이야 말로 개선의 시발점이라 할 수 있다.

6. 시간개념

1일 24시간을 어떻게 사용하느냐에 따라 가치가 서로 다르게 창조되는 것이며, 사용하지 않는 시간은 시간이 될 수 없는 것이다.

7. 정보의식

인터넷, TV, 신문, 잡지, 라디오 등의 매스컴, 회의장소, 식당, 버스 속에서도 귀에 들리는 아무런 관계가 없는 남의 대화에서도 때때로 중대한 정보를 얻을 수 있다.

8. 품질 의식

구매자의 요구에 합치되는 품질의 제품을 보다 싼 가격으로 생산하지 못하면 그 기업은 그 순간부터 파멸의 길을 걷고 있는 것이다.

▸▸ 자기계발의 추진방법

- 현재 및 장래의 자기를 분석한다.
  - 장점, 단점 및 갖추어야 할 필요요건을 분석한다.
  - 특색을 발휘하는 것도 중요하다.
- 자기계발의 계획을 세운다.
  - 장점을 신장시키고, 단점을 보완하도록 계획한다.
  - 목표(수준, 기간)을 정한다.
  - 생활설계와도 조화를 갖춘다.
- 확실히 실행한다.
  - 계획에 따라 확실히 실행한다.
  - 끈기 있게 실행해 나간다.
- 진보, 발전의 성과를 반성한다.
  - 일기를 쓰는 것도 좋은 반성법의 하나다. 실행이 불충분한 점은 스스로 의식하고 추진한다.

▸▸ 성공자와 실패자

구 분	성 공 자	실 패 자
진 보	발전을 하고 있다.	축소 또는 현상유지만 생각한다.
미 래	상당히 유망하다고 생각한다.	극히 제한되어 있다고 생각한다.
일	스스로 찾아내어 일을 하려고 한다. 특히 다른 사람의 일을 도우려고 한다.	누가 시키는 일만 하거나 가능한 한 일을 피하려고 한다.
경 쟁	최고의 경지에 이른 사람(상품)과 경쟁한다.	보통사람(상품)을 경쟁상대로 삼는다.
목 표	목표를 높은 곳에 둔다.	목표를 낮은 곳에 둔다.
비 전	장기적인 관점에서 생각한다.	단기밖에 보지 못한다.
교 우	긍정적이고 진보적인 사람과 교제한다.	부정적이며 현상 유지적으로 생각하는 사람과 교제한다.
실 패	별로 중요하지 않는 실패는 무시한다.	작은 실패를 크게 생각한다.

자료 : 동명대학교 2단계 산학협력중심대학육성사업단(2010) 재인용

지도교수

- 현장실습 업체 1차 방문
- 산업체 교육 담당자 면담 및 산학협력프로그램 교류 활성화

▸ ▸ 현장방문 면담 내용 작성

현장방문 면담표

소　　속	대학　　　　　학과(부)	지도교수	(인)
업 체 명		대표자명	(인)
일　　시	20　　년　　월　　일		
방문목적			
구체적 지도내용	기업과의 기술교류 및 학생 지도내용을 구체적으로 기입하여 주십시오.		
현장지도 실시에 대한 개인소견			

HS-106p

3.1.2 단계별 교육과정 소개

(1) 입문자 교육과정

입문자는 프로그래밍개발 경험이 거의 없는 교육생을 말한다. 따라서, 산업체의 기본 사항에 대하여 숙지한 후에 정리정돈을 시작으로 산학협력 업무를 시작한다. 전화고객 상담 및 담당자를 연결해 주는 업무를 기본으로 수행하면서 점차 그 영역을 확대해 나간다. 또한, 기초 랭귀지에 대한 학습을 꾸준히 진행하면서 산업체가 개발한 S/W 중, 비교적 독립적이면서 가벼운 모듈을 대상으로 실무를 학습한다. 또한, 개발 중인 프로젝트에 투입되어 테스트를 담당하며 에러유형을 발견하고 관리한다.

일 정	산학협력 측면	자기계발 측면
교 육 전반기	• 회사 정리 정돈 • 전화고객-담당자 연결해주기 • 산업체보유 S/W 기능 학습	• 인성 계발 훈련 - 출퇴근 시간 철저 - 지시업무 철저 이행훈련 - 대인 친화력 향상 - 상냥하고 친근한 인사법 유지 • 실무 프로그램 기초 학습 - 산업체보유 기술 파악을 위한 기초 학습 - 기초 랭귀지 학습
교 육 후반기	• 회사 청결유지 담당 • 전화고객 상담하기 • 산업체보유 S/W 테스트 후 개선 방안 도출 • 개발 중인 S/W의 테스트 및 에러 리스트 작성하기	• 인성 계발 훈련 - 10분전 출근, 10분후 퇴근 익히기 - 지시받지 않은 업무 스스로 하기 - 대인 친화력 향상 - 상냥하고 친근한 인사법 유지 • 실무 프로그램 기초 학습 - 산업체 사용 툴 사용법 학습 - 산업체보유 기술 파악 - 산업체보유 기술 습득

(2) 기술자 교육과정

기술자는 프로그래밍개발에 대한 기초는 잡혀 있으나 실무 경험이 거의 없는 교육생을 말한다. 역시, 산업체의 기본 사항에 대하여 숙지한 후에 정리정돈을 시작으로 산학협력 업무를 시작한다. 자기 계발 측면에서 객체지향적 문서화 기법을 학습하고, 산업체가 기

개발한 S/W 중에서 문서화가 필요한 프로젝트에 투입되어, 부분적이나마 정리된 문서화 자료를 제공한다.

일 정	산업체보조 측면	자기계발 측면
교 육 전반기	• 회사 정리정돈 • 산업체보유 S/W 개략적 기능 학습 • 문서화된 자료들 숙독 • 문서화된 자료들 미비점 분석 • 미비한 문서화에 대한 추가처리	• 인성 계발 훈련 - 출퇴근 시간 철저 - 지시업무 철저 이행훈련 - 대인 친화력 향상 - 상냥하고 친근한 인사법 유지 • 기술 계발 훈련 - 객체지향분석법 학습 - 산업체보유 문서화기법 학습 - 문서화된 자료들 숙독
교 육 후반기	• 회사 청결유지 • 산업체보유 S/W 세부기능 학습 • 사용자 매뉴얼 버전업 • 문서화된 자료들 미비점 분석 보완 • 각종 자료 및 문서 정리 • 새로작성되는 시스템의 문서화	• 인성 계발 훈련 - 10분전 출근, 10분후 퇴근 익히기 - 지시받지 않은 업무 스스로 하기 - 대인 친화력 향상 - 상냥하고 친근한 인사법 유지 • 기술 계발 훈련 - 객체지향분석법에 의한 현장적용 문서화 기술 습득 - 산업체보유 문서화기법 학습 - 문서화의 중요성 인식 및 기술향상

(3) 전문가 교육과정

전문자는 프로그래밍개발에 대한 상당한 기술을 가지고 있거나, 실무 경험이 다소 있는 교육생을 말한다. 산업체에서 실무에 바로 투입될 수 있는 자원으로 분류하며 입문자, 기술자의 업무에 더하여 실제 산업체가 진행 중인 프로젝트에 투입되어 S/W 개발의 진행을 도와주는 역할을 담당한다.

산업체가 주로 사용하는 툴들에 대한 학습을 시작으로 후반기에는 프레임워크를 활용한 개발 공기단축 부분까지 지원할 수 있도록 한다.

일 정	산업체보조 측면	자기계발 측면
교 육 전반기	• 회사 정리정돈 • 산업체보유 S/W 개략적 기능 학습 • 문서화된 자료들 파악 • 현재 진행 중인 프로젝트 보조 • 단순한 보조프로그램 작성 • 실무 프레임워크 활용법 학습 • 협업요원으로 근무	• 인성 계발 훈련 – 출퇴근 시간 철저 – 지시업무 철저 이행훈련 – 대인 친화력 향상 – 상냥하고 친근한 인사법 유지 • 기술 계발 훈련 – 산업체 개발 기법 노하우 전수 – 산업체보유 문서화기법 학습 – 실무 소프트웨어 개발기회 – 협업 노하우를 익힘
교 육 후반기	• 회사 청결유지 • 산업체보유 S/W 세부기능 학습 후 개선방향 정리 • 개발업무 지원 • 프레임워크를 활용한 개발공기 단축 • 각종 자료 및 문서 정리 • 검증된 인력으로 채용기회	• 인성 계발 훈련 – 10분전 출근, 10분후 퇴근 익히기 – 지시받지 않은 업무 스스로 하기 – 대인 친화력 향상 – 상냥하고 친근한 인사법 유지 • 기술 계발 훈련 – 실무 프로젝트 참여기회 획득 – 전체 프로젝트의 흐름파악 – 현장 예외처리 기법 학습 – 프레임워크 사용 학습

0일차와 1일차는 입문자, 기술자, 전문가의 구별을 짓기 위한 과정으로 모든 과정이 공통 운영된다. 1일차 교육을 마친 후에 실습생과 산업체 교육담당자, 지도교수는 각자 앞으로 지도할 과정과 연관된 간단한 보고서를 작성하여 보관하도록 한다.

실습생

실습생은 다음의 실습과 관련된 자료들을 제출한다. 교육생과 산업체 교육 담당자의 상황에 따라 자기계발 계획서 제출을 생략할 수 있다.

번호	양식번호	내용	비고
1	HS-101s	산업체 조사 워크시트	
2	HS-102s	현장실습 일차별 계획서	
3	HS-103s	자기계발 계획서	옵션

산업체 교육 담당자

산업체 교육담당 요원은 실습생의 레벨을 테스트하여 입문자, 기술자, 전문가의 3단계 중 하나로 결정할 자료를 작성한다. 또한, 현장실습에서 교육생이 어떤 일을 담당할 것인지를 전후반기로 나누어 작성하도록 한다.

번호	양식번호	내용	비고
1	HS-104m	OJT 실습생 레벨 테스트 결과	
2	HS-105m	전후반기 현장실습 계획서	

산업체 교육 담당자

지도교수는 교육생, 사업체 교육담당 요원과 면담을 거쳐서 학생의 레벨을 최종적으로 결정하고 그기에 따른 면담표를 작성한다.

번호	양식번호	내용	비고
1	HS-106p	현장방문 면담표	

지도교수는 레벨 결정에 교육생의 이의가 없도록 하며, 레벨에 따른 교육과정에 대한 계략적 설명을 행한다. 교육생의 레벨이 결정되었다고 해서, 꼭 매뉴얼에 나와있는데로만 교육할 필요는 없다. 교육을 진행하면서 산업체 교육담당자와 교육생의 합의에 따라 지도교수와 논의 후, 매뉴얼에 제시되어 있지 않은 업무들도 얼마든지 행할 수 있으며, 새로운 양식을 만들어서 교육과정을 기록할 수도 있다. 매뉴얼은 현장실습에 길잡이 역할을 담당하면 그것으로 충분하다.

3.1.3 입문자 교육과정

2-9일차 (전반기)

입문자의 현장실습 전반기 교육 과정이다.

실습생

- 현장실습일지 작성
- 입문자 현장실습 교육과정 수행
  - 산학협력 측면
  - 자기계발 측면

(1) 현장실습일지 작성 (1건/1일)

현장실습 일지

교과목명	현장실습	기술지도 위원확인
실습일자	20 년 월 일 ( )	

※ 반드시 실습 현장사진 및 업체 지도위원 명함 첨부(별지)

주요 실습내용	
실습 레벨	□입문자 □기술자 □전문가 과정
현장실습 계획(목표치)	
실습내용	
실습에 사용된 기자재	
실습내용에 대한 자기소견	

양식번호 HS-301s

(2) 산학협력 측면에서 입문자 레벨 업무 내용과 관련 서식

산업체 보조측면의 전반기 업무들에 대한 정리를 해본다. 해당업무로는 전화응대, 고객 방문응대가 위주이다. 테스트요원으로의 활동결과 기록은 후반기에 하도록 한다.
현장실습 산업체와 협의하여 예제 양식과 유사한 방식으로 실습업무를 관리해 나간다.

1) 전화응대 업무

- 전화를 받고 전화응대 리스트에 기록
  - 상대방(고객)에게 호감을 주는 밝은 목소리와 긍정적 문장 사용
  - 고객의 입장에서 전화 상담. 상대방의 소속과 이름을 공손히 묻고 기록 후 대응
  - 용건을 묻고 자신이 대답할 수 있는 분야는 바로 처리 후에 완결 기록
  - 자신이 해결할 수 있는 문제가 아닌 경우는 담당자와 연결 후 완결 기록
  - 담당자가 자리에 없을 경우, 담당자에게 메모를 남기고 리스트에 미결로 처리
- 전화응대 리스트 사용

양식번호	HS-302s

2) 고객방문 응대 업무

- 방문을 환영하고 응대 리스트에 기록
  - 상대방(고객)에게 호감을 주는 밝은 목소리와 긍정적 문장 사용
  - 고객의 입장에서 방문 상담. 상대방의 소속과 이름을 공손히 묻고 기록 후 대응
  - 용건을 묻고 자신이 대답할 수 있는 분야는 바로 처리 후에 완결 기록
  - 찾는 담당자가 있을 경우, 담당자에게 안내 후 완결 기록
  - 담당자가 자리에 없을 경우, 담당자와 전화연결 후, 고객과 통화 지원
  - 고객이 회사를 떠날 때까지 서비스 정신 유지
  - 고객이 회사를 떠난 후, 리스트에 완결 기록
- 전화응대 리스트와 동일양식 사용

양식번호	HS-302s

교과목명	현장실습	기술지도 위원확인
실습일자	20 년 월 일 ( )	

전화(방문) 응대 리스트					
통화시각	고객명	고객의 소속	주요내용	담당자 명	완결여부

양식 번호 HS-302s

(3) 자기계발 측면에서 입문자 레벨 전반기 자기 계발 교육 과정

1) 입문자 교육 일정 : 실무용 객체지향 프로그래밍(Java를 중심으로)

일차	교육내용	
2일차	컴퓨터 언어의 등장과 특징	실습업체 개발 프로그램 중 기초 프로그램 이해하기
3일차	자료형태와 데이터, 상수표현방법	
4일차	변수의 선언과 초기화	
5일차	연산자	
6일차	분기분	
7일차	반복문	
8일차	배열	
9일차	2차원 배열	

2~9일차는 교육기관(학교, 학원 등)에서 기본적으로 배웠던 이론들을 정리하고, 실습을 하도록 한다. 그동안 소홀했던 컴퓨터 언어에 대한 기초를 확립한다.
개발기본 언어인 Java(혹은 C++)에 대한 교육을 실시한다.
교육자와 교육생 간의 커뮤니케이션을 통하여 부족한 부분을 파악하고, 부족한 부분에 대한 설명이나, 실습 내용을 통하여 응용할 수 있는 프로그램을 알려주고, 실습내용을 정리하여 최종적으로 하나의 간단한 프로젝트를 작성한다.
각 교육에 대한 필요성과 결과는 체크리스트로 확인한다.

2) 입문자 맞춤 교육을 위한 체크리스트

현장실습에 나온 교육생은 한번 이상 컴퓨터언어를 접해본 경험을 가지고 있을 것이다. 그러나, 입문자의 경우는 대부분 컴퓨터 언어구사에 대한 자신이 없는 경우가 많다. 또한, 개인별로 수준에 차이가 있으므로 획일적인 교육은 그 효과가 낮다.
따라서, 다음 질문에 “아니오”로 답한 경우, 오른 쪽의 내용을 학습하도록 하여야 한다. 교육생은 질문에 대한 대답을 성실히 행하여야 하며, 산업체 담당자는 교육생의 대답을 참고하여 오른 쪽 내용을 학습시키면 된다. 교육생의 현재 수준을 고려하여 눈높이 교육을 행하는 것이 바람직하며, 이 때 산업체에서 확보하고 있는 실무 소스를 가지고 교육을 할 경우, 동기 부여에 의해 학습효과가 높아질 것으로 기대된다.(이하 편의상 컴퓨터 언어를 “자바”로 표현하며, 산업체에서 다른 언어를 주력 언어로 사용하는 경우는 이와 유사한 질문 리스트를 자체 제작하여 시행하여야 한다.)

▸▸ 입문자 맞춤교육을 위한 체크리스트

학습분야	질문	대답이 "아니오"인 경우 학습사항
자바 환경 설치	JDK가 뭐예요, eclipse를 사용해 본 적이 있나요?	환경설치를 위한 프로그램을 확보하고, 실제로 설치해 본다. 산업체의 개발환경을 구축한다.
HelloWorld 프로그램 작성	간단한 프로그램을 실행시킬 수 있나요?	가장 기본적인 구조와 컴파일 방법을 익힌다.
자바의 자료표현 (리터럴)	아래 단어들을 설명할 수 있나요? false, "Wiki leaks", 63, 65.43, 5L, 37.6f, 65535d, 3.14e+9, 0x1f, 077, while, total, Person, 2147483637	자바의 리터럴(Literal)을 정리하고 암기한다. 문자와 문자열의 구별, 정수의 표현방법과 범위, 실수의 표현방법과 범위, 논리표현 등
변수의 개념	284549.5561 에 3을 곱한 값 284549.5561 에 5를 곱한 값 284549.5561 에 7을 곱한 값 284549.5561 에 9를 곱한 값 을 차례로 모두 구하려면 어떻게 할까요? double num=284549.5561; 이라는 문을 설명할 수 있나요?	변수는 리터럴을 보관하는 장소이다. 변수는 이름이 특별하게 작명된다. 변수에 값을 넣으면 변수 이름으로 그 값을 사용할 수 있다. 변수에 값을 보관하는 방법을 알아본다. 변수에 보관된 값을 꺼내는 방법을 알아본다. 변수에 값을 꺼내어도 그 값은 변수 속에 그대로 남아 있다. 변수는 리터럴에 따라 형태(type)가 달라진다.
자바의 기본 데이터형	리터럴은 컴퓨터 속에 어떻게 보관되나요? 변수 선언이 뭐예요? 안하면 안되나요? 사람 이름을 보관하려면 어떤 데이터형을 사용하죠?	자바의 8가지 기본데이터 형과 특정을 학습한다. char, byte, short, int, long, float, double, boolean String객체형에 대한 소개를 한다.
결과의 화면 출력	284549.5561에 9를 곱한 값을 출력할 수 있나요?	출력을 위한 메소드System.out.println()를 학습한다. 내용들을 붙여서 출력하는 방법도 알아본다.

▸▸ 입문자 맞춤교육을 위한 체크리스트

<table>
<tr><th>학습분야</th><th>질문</th><th>대답이 "아니오"인 경우 학습사항</th></tr>
<tr><td>변수의 선언</td><td>x에 256을, y에 3.14를 넣고 제대로 보관되었는지 출력할 수 있나요?</td><td>정수변수, 실수변수에 대한 선언을 할 수 있도록 지도한다.
int x; double y; x=256; y=3.14;
혹은 int x=256; doule y=3.14;
실무에서 선언된 변수들을 살펴보고 익숙해 지도록 한다.</td></tr>
<tr><td>실행문의 이해</td><td>문장의 마지막에 세미콜론은 왜 붙이나요?</td><td>세미콜론을 찍으면 하나의 명령으로 종결된다. 하나의 명령이 곧 실행문이고 실행문에는 선언문, 대입문, 조건문, 반복문, 함수호출문이 있다.</td></tr>
<tr><td>산술 연산자</td><td>2 x 3.1415926 x 30 의 결과를 보여줄 수 있나요?
5명의 수학 점수가 76,89,88,68,70 일 때, 합계와 평균을 구할 수 있나요?
어떤 숫자 X에서 10으로 나눈 나머지를 구할 수 있나요?</td><td>4칙연산을 위한 연산자 사용법을 학습한다.
+,−,*,/,% 5가지 연산자에 대한 사용법을 익힌다.
단, + 연산자의 경우, 문자열과 연결연산자로 작용한다.</td></tr>
<tr><td>관계연산자</td><td>변수 x와 y에 들어 있는 값 중에 어느 것이 큰지 알아낼 수 있나요?
자바에서 true와 false는 도대체 뭘까요?</td><td>6가지 관계연산자에 대한 사용방법을 익힌다.
(〉 , 〈 , 〉= , 〈= , == , !=)
관계연산의 결과는 true/false 둘 중하나이다.
관계 연산자가 실무의 어느 부분에 사용되었는지 찾아보자. 주로 if문이나 while,for문 등의 조건 비교에 사용되었음을 알 수 있다.</td></tr>
<tr><td>논리연산자</td><td>어떤 수 x가 있을 때, 3으로 나누어지거나 5로 나누어지는데 3과 5로 동시에 나누어지면 안되는 수인지 어떻게 알 수 있을까요?</td><td>and(&&), or(||), not(!) 연산자에 대해 학습한다.
왼쪽 문제에 대한 답은..
(x%3==0 || x%5==0) && !(x%3==0 && x%5==0)</td></tr>
</table>

▸▸ 입문자 맞춤교육을 위한 체크리스트

학습분야	질문	대답이 "아니오"인 경우 학습사항
비트연산자	2진수가 뭐예요? 2진수연산은 어떻게 될까요?	위의 질문들에 대한 대답을 아주 잘 이해하지 못한다면 아직은 몰라도 되요. 건너뜁니다. 자료형 들의 2진수표현과 정수표현에서 비트연산을 학습한다. (<<, >>, &, |)
조건문의 사용법	우리회사에서 급여 x가 100만원 미만인 사람들에게 이번 달에 보너스로 7만원을 더 지급하고 싶은데 가능할까요? 위의 조건에다가 100만원보다 많을 경우도 3만원씩 더 지급하고 있다면요? if로 시작되는 문의 구조를 알고 있나요? switch-case 문, 제대로 사용법을 아시나요?	if문, if-else문, 중첩 if문에 대해 학습한다. switch-case문에 대한 구조와 사용방법을 정확히 학습한다. (이 문은 case 뒤에 정수만 사용할 수 있고, break문을 사용하지 않으면 아래로 진행하면서 차례로 실행한다. 또한, default 문을 마지막에 둘 수 있는데 case에 해당하지 않을 경우 실행된다는 내용)
반복문의 사용법	1부터 100까지 사이에 3의 배수만 출력할 수 있나요? 1부터 10000까지 사이에 3의 배수들도 출력할 수 있나요? 구구단을 출력할 수 있나요? while문과 do while문의 차이가 뭐죠?	for문, while문, do while문의 사용법을 정확히 익혀야 한다. 중첩(nested)반복문에 대한 개념을 익히기 위하여 구구단 표현법을 학습한다. 또한 다중 for문으로 *로 구성된 다이아몬드 형태의 모양을 만들어 본다. 워낙 많은 곳의 실무 프로그램 소스에서 반복문을 사용하므로 실무적 학습은 매우 쉽다.
배열의 활용법	5명의 수학점수를 변수에 보관한 후, 더하고 평균하여 표현할 수 있나요? 20명이 되면 어떻게 될까요, 100명이 되면요? 4x3과 3x2행렬의 곱은 어떻게 계산할 수 있을까요?	배열 사용을 위한 선언문을 학습한다. 선언과 동시에 배열 속에 값을 대입하는 초기화에 대해 학습한다. 배열에 값을 넣는 방법에 대해 학습한다. 2차원 배열의 표현방법을 학습한다. 실무에 사용된 2차원 배열이 있다면 그 부분의 소스를 살펴보는 기회를 가진다.

10일차 (중간점검)

현장실습 중간 평가를 시행한다.
전반기 교육 과정의 중간 평가를 통하여 후반기 교육 과정을 재검토한다.

실습생

- 1차 과제물 중간 평가 발표
- 중간 보고서와 발표자료 작성
- 지도교수와 산업체 교육 담당자에게 발표

산업체 교육 담당자

- 1차 과제물 중간 평가
- 중간 평가 보고서 작성
- 지도교수에게 중간 평가 결과 보고

지도교수

- 실습생 현장실습 중간 점검 사항 작성
- 산업체 교육 담당자와 면담

▸▸ **교육생의 중간 보고서 작성**

OJT 현장실습 중간 보고서(실습생)			
작 성 자		작성일자	

실 습 자		학 과	
		성 명	
교육과정명 (교육 레벨)			
교육실시일		교육종료일	
전반기 교육 과정 계획 목표			
1차 과제 내용			
1차 과제 결과	※ 발표자료 첨부 (ppt)		

양식번호 HS-201s

▸▸ 산업체 교육담당(멘토)의 중간 평가서 작성

<table>
<tr><td colspan="4">OJT 중간 실습 보고서(기업)</td></tr>
<tr><td>작 성 자</td><td></td><td>작성일자</td><td></td></tr>
</table>

<table>
<tr><td colspan="3" rowspan="2">교육자</td><td>부 서</td><td></td></tr>
<tr><td>성 명</td><td></td></tr>
<tr><td>교육과정명
(교육 레벨)</td><td colspan="4">산업체현장실습( )</td></tr>
<tr><td>교육실시일</td><td colspan="2"></td><td>교육종료일</td><td></td></tr>
<tr><td>교 육 사 항
(실 습 내 용)</td><td colspan="4"></td></tr>
<tr><td colspan="5">중 간 교 육 평 가</td></tr>
<tr><td>초기
평가</td><td></td><td>중간
평가</td><td colspan="2"></td></tr>
</table>

양식번호 HS-202m

▸ ▸ **교수의 중간 평가서 작성**

<table>
<tr><td colspan="4">OJT 중간 실습 보고서(교수)</td></tr>
<tr><td>작 성 자</td><td></td><td>작성일자</td><td></td></tr>
</table>

<table>
<tr><td colspan="2">산업체명</td><td colspan="3"></td></tr>
<tr><td colspan="2">교육개시일</td><td></td><td>교육종료일</td><td></td></tr>
<tr><td colspan="2">산업체의 만족도</td><td colspan="3">상□ 중□ 하□</td></tr>
<tr><td colspan="2">교육생의 만족도</td><td colspan="3">상□ 중□ 하□</td></tr>
<tr><td colspan="2">교육과정 진행의 만족도 평가</td><td colspan="3">상□ 중□ 하□</td></tr>
<tr><td rowspan="2">평가</td><td>산학
협력
측면</td><td colspan="3"></td></tr>
<tr><td>자기
계발
측면</td><td colspan="3"></td></tr>
<tr><td colspan="2">후반기 교육
개선방향</td><td colspan="3"></td></tr>
</table>

양식번호 HS-203p

전반기 교육을 마칠 때 아래와 같은 점검 자료를 제출한다.

실습생

실습생은 업무일지와 다음의 실습과 관련된 자료들을 제출한다. 입문자의 경우, 산업체에 적응하기 위한 노력이 우선이므로 산업체 업무로는 현장실습일지와 전화 응대 리스트만 제출하도록 하였지만, 산업체와 협의 하에 다른 임무를 수행하였다면 추가 제출하여야 한다.

번호	양식번호	내용	비고
1	HS-301s	전반기 현장실습 일지	
2	HS-302s	전화(방문) 응대 리스트	
3	HS-201s	OJT 실습 중간 보고서(교육생)	
4	자유서식	중간발표 PPT 자료	

산업체 교육 담당자

교육생을 밀착 관찰하고 인성지도를 해나가면서 중요한 부분들을 체크하여 기록하도록 한다. 기술적 향상에 대한 부분도 기록할 수 있도록 한다.

번호	양식번호	내용	비고
1	HS-202m	OJT 실습 중간 보고서(산업체)	

지도교수

지도교수는 교육생의 실습 과제물과 산업체 교육담당 요원이 작성한 중간 보고서를 확인한 후, 후반기 교육과 관련된 개선해야할 내용을 중심으로 중간 보고서를 작성한다.

번호	양식번호	내용	비고
1	HS-203p	OJT 실습 중간 보고서(교수)	

현장 실습 과정에서 제출된 모든 결과물을 확인하고 교육생과 산업체 교육담당자, 교수가 함께하는 중간 발표회와 후반기 현장실습의 개선을 위한 간담회를 개최한다.

11-19일차

현장실습 후반기 교육 과정이다.

실습생

- 현장실습일지 작성
- 입문자 현장실습 교육과정 수행
- 산학협력 측면
- 자기계발 측면

(1) 현장실습일지 작성 (1건/1일)

교과목명	현장실습			기술지도 위원확인
실습일차		실습일자	20 년 월 일 ( )	

※ 반드시 실습 현장사진 및 업체 지도위원 명함 첨부(별지)

주요 실습내용	
실습 레벨	□입문자 □기술자 □전문가 과정
현장실습 계획(목표치)	
실습내용	
실습에 사용된 기자재	
실습내용에 대한 자기소견	

양식번호 HS-301s

(2) 산학협력 측면에서 입문자 레벨 업무 내용과 관련 서식

산업체 보조측면의 후반기 업무들에 대한 정리를 해본다. 해당업무로는 전반기 업무에 포함된 전화응대, 고객방문응대를 포함하여 각종 프로그램 테스트 후 버그리스트 작성, 기존 프로그램의 개선사항 도출, 기본적인 문서화 지원 등이 있다.
현장실습 산업체와 협의하여 예제 양식과 유사한 방식으로 실습업무를 관리해 나간다.

1) 프로젝트 소스 관련 문서 정리

- 프로젝트에 대한 전반적인 분석 후, 기록을 남김
  - 소스프로그램 단위로 주요역할을 분석하며, 자기의 의견을 분석결과로 정리
- 문서정리 리스트 양식 사용

프로젝트 분석표	HS-303s
프로그램 분석표	HS-304s
변수명 분석표	HS-305s

2) 데이터베이스 관련 문서 정리

- 데이터베이스에 대한 전반적인 분석 후, 기록을 남김
  - 테이블 간의 관계를 ERD형태로 분석하며, 자기의 의견을 분석결과로 정리
  - 테이블들의 주요칼럼을 분석하며, 자기의 의견을 분석결과로 정리
- 문서정리 리스트 양식 사용

데이터베이스 분석표	HS-306s
테이블 명세표	HS-307s
ERD 분석도	HS-308s

3) 입출력 관련사항 정리

- 입력(수정 포함) 프로그램 분석정리
  - 기초(마스터) 데이터입력 화면과 관련된 프로그램 분석: 관련 테이블 명시
  - 응용(트랜젝션) 데이터입력 화면과 관련된 프로그램 분석: 관련 테이블 명시
- 출력 프로그램 분석정리
  - 화면 출력과 관련된 프로그램 분석: 관련 테이블 명시
  - 프린터 출력과 관련된 프로그램 분석: 관련 테이블 명시

- 입출력 리스트 양식 사용

입력프로그램 설계	HS-309s
화면 출력프로그램 설계	HS-310s
프린터 출력프로그램 설계	HS-311s

4) 테스트 관련 보조업무

- 단위 프로그램별 테스트 후, 버그와 개선사항에 대한 기록을 남김

프로그램 개선사항리스트	HS-312s

교과목명	현장실습	기술지도 위원확인
실습일자	20 년 월 일 ( )	

프로젝트 분석표			
순번	프로그램 파일명	주요 역할	분석결과
1			
2			
3			
4			
5			
6			
7			
8			
9			
10			
11			
12			

양식 번호 HS-303s

교과목명	현장실습	기술지도 위원확인
실습일자	20 년 월 일 ( )	

프로그램 분석표				
프로그램 명				
순번	함수(메소드)명	반환형	호출인자 형태	주요 역할
1				
2				
3				
4				
5				
6				
7				
8				
9				
10				
11				
12				

양식 번호 HS-304s

교과목명	현장실습	기술지도 위원확인
실습일자	20 년 월 일 ( )	

변수명 분석표			
순번	유저지정 주요 변수명	주요 역할	분석결과
1			
2			
3			
4			
5			
6			
7			
8			
9			
10			
11			
12			

양식 번호 HS-305s

교과목명	현장실습	기술지도 위원확인
실습일자	20 년 월 일 ( )	

데이터베이스 분석표			
순번	테이블명	주요 역할	비고
1			
2			
3			
4			
5			
6			
7			
8			
9			
10			
11			
12			

양식 번호 HS-306s

교과목명	현장실습	기술지도 위원확인
실습일자	20　년　월　일 (　)	

테이블 명세표				
테이블명				
순번	필드명	데이터형	역할	키 여부
1				
2				
3				
4				
5				
6				
7				
8				
9				
10				
11				
12				

양식 번호 HS-307s

교과목명	현장실습	기술지도 위원확인
실습일자	20 년 월 일 ( )	

ERD(Entity Relationship Diagram) 분석도	
프로젝트명	

양식 번호 HS-308s

교과목명	현장실습	기술지도 위원확인
실습일자	20 년 월 일 ( )	

<table>
<tr><td colspan="3">입력 프로그램 설계</td></tr>
<tr><td>프로그램명</td><td colspan="2"></td></tr>
<tr><td colspan="2">입력화면 설계</td><td>관련 테이블 명</td></tr>
<tr><td colspan="2" rowspan="8"></td><td></td></tr>
<tr><td></td></tr>
<tr><td></td></tr>
<tr><td></td></tr>
<tr><td></td></tr>
<tr><td></td></tr>
<tr><td>특이 사항</td></tr>
<tr><td></td></tr>
</table>

입력 항목명	변수명	입력 시 제한사항

양식 번호 HS-309s

교과목명	현장실습	기술지도 위원확인
실습일자	20 년 월 일( )	

<table>
<tr><td colspan="3">화면 출력 프로그램 설계</td></tr>
<tr><td>프로그램명</td><td colspan="2"></td></tr>
<tr><td colspan="2">출력화면 설계</td><td>관련 테이블 명</td></tr>
<tr><td colspan="2" rowspan="9"></td><td></td></tr>
<tr><td></td></tr>
<tr><td></td></tr>
<tr><td></td></tr>
<tr><td></td></tr>
<tr><td></td></tr>
<tr><td>특이 사항</td></tr>
<tr><td></td></tr>
</table>

출력 항목명	변수명	출력 시 제한사항

양식 번호 HS-310s

교과목명	현장실습	기술지도 위원확인
실습일자	20 년 월 일 ( )	

<table>
<tr><td colspan="3">인쇄 출력 프로그램 설계</td></tr>
<tr><td>프로그램명</td><td colspan="2"></td></tr>
<tr><td colspan="2">프린터 출력 양식 설계</td><td>관련 테이블 명</td></tr>
<tr><td colspan="2" rowspan="9"></td><td></td></tr>
<tr><td></td></tr>
<tr><td></td></tr>
<tr><td></td></tr>
<tr><td></td></tr>
<tr><td></td></tr>
<tr><td>특이 사항</td></tr>
<tr><td></td></tr>
</table>

출력 항목명	변수명	출력 시 제한사항

양식 번호 HS-311s

교과목명	현장실습	기술지도 위원확인
실습일자	20　　년　　월　　일 (　)	

프로그램 개선사항 리스트		
프로젝트명		
프로그램명	버그 내용 (불편한 사항)	개선 방향

양식 번호 HS-312s

(3) 자기계발 측면에서 입문자 레벨 후반기 자기 계발 교육 과정

1) 입문자 교육 일정 : 실무용 객체지향 프로그래밍(Java를 중심으로)

일차	교육내용	
11일차	객체지향프로그래밍의 이해	객체지향 프로그래밍에 대한 개념 이해하기 실무에 사용된 데이터베이스 이해하기
12일차	생성자와 소멸자	
13일차	클래스와 객체(인스턴스)이 관계	
14일차	static 멤버와 메소드	
15일차	캡슐화, 상속, 다형성	
16일차	메소드 오버로딩과 오버라이딩	
17일차	추상화, 인터페이스	
18일차	GUI프로그래밍	
19일차	DB활용 프로그래밍	

> 11~19일차는 교육기관(학교, 학원 등)에서 학습한 객체지향 프로그래밍 개념들을 정리하고, 실습을 하도록 한다. 또한, 자료를 효율적으로 보관하기 위한 데이터베이스 설계를 학습하고 실무에 사용된 데이터베이스를 살펴볼 기회를 가진다.
> 교육자와 교육생 간의 커뮤니케이션을 통하여 부족한 부분을 파악하고, 부족한 부분에 대한 설명이나, 실습 내용을 통하여 응용할 수 있는 프로그램을 알려주고, 실습내용을 정리하여 최종적으로 데이터베이스를 이용하는 간단한 프로젝트를 작성한다.
> 각 교육에 대한 필요성과 결과는 체크리스트로 확인한다.

2) 입문자 맞춤 교육을 위한 체크리스트

전반기 교육을 거치면서 프로그래밍의 기초가 잡혔다고 보며, 후반기에는 먼저 객체지향의 개념과 특징들에 대하여 살펴본다. 또한, 실무에 필요한 개념과 기술을 이해나가도록 한다.

따라서, 다음 질문에 "아니오"로 답한 경우, 오른 쪽의 내용을 학습하도록 하여야 한다. 교육생은 질문에 대한 대답을 성실히 행하여야 하며, 산업체 담당자는 교육생의 대답을 참고하여 오른 쪽 내용을 학습시키면 된다. 교육생의 현재 수준을 고려하여 눈높이 교육을 행하는 것이 바람직하며, 이 때 산업체에서 확보하고 있는 실무 소스를 가지고 교육을 할 경우, 동기 부여에 의해 학습효과가 높아질 것으로 기대된다.

▸▸ 입문자 맞춤교육을 위한 체크리스트

학습분야	질문	대답이 "아니오"인 경우 학습사항
객체지향 프로그래밍의 객체표현법	처음부터 사용했던 클래스(class)가 사실은 객체인데 알고 있었나요? 객체모델링을 해본 적이 있나요? 멤버와 메소드는 또 뭐죠?	객체모델링을 학습한다. 모델링의 결과로 대부분의 객체(class)는 member와 method로 구성된다. 자동차 객체를 예로 들어 설명하는 것이 좋다. 자동차의 이름, 모델명, 배기량, 색상, 자동차 넘버, 현재 속도, 바퀴방향, 기름량 등이 멤버가 되며, 자동차를 등록한다(). 가속한다(), 감속한다(), 주유한다(), 선다(), 좌로 감는다(), 우로 감는다() 등이 메소드가 된다. 객체의 이름(class 이름)은 대문자로 시작하는 것이 관례이다. <u>자바에서는 반드시 그렇게 습관을 들이자.</u>
생성자와 소멸자	생성자(constructor)라는 단어, 쉽게 설명이 되나요?	생성자에 대해 학습한다. 객체의 생성 시에 멤버들의 값을 초기화하는 역할을 담당하는 메소드이다. 실무에서 사용 중인 객체를 살펴보고 생성자의 역할에 대해서 논의해 본다.
클래스와 실체(인스턴스)	클래스는 설계도이고 생성해야 사용할 수 있다는 말, 이해가 되시나요? 클래스는 붕어빵틀이고 인스턴스는 붕어빵이라는 이야기 들어본 적이 있나요?	클래스는 객체를 모델링하여 표현한 설계도이다. 이를 사용하려면 객체를 실제로 생성하여 메모리에 상주시켜야 한다. 이 때 생성된 실체를 인스턴스라 하며 이 때, 생성된 주소를 돌려주게 된다. 이주소를 통하여 그 실체의 멤버나 메소드에 접근할 수 있는데, 이 주소를 레퍼런스라 부르고 보통 레퍼런스 변수에 보관하게 된다. 레퍼런스 변수는 클래스형을 가지게 된다.

▸▸ 입문자 맞춤교육을 위한 체크리스트

학습분야	질문	대답이 "아니오"인 경우 학습사항
static 멤버나 메소드	객체를 생성하지 않고도 멤버나 메소드를 사용하는 경우는 어떻게 된거죠? println()는 System객체의 메소드인데 System객체는 생성한 적이 없는데 println()메소드를 사용했지 않나요?	일반적으로 객체는 생성해서 dynamic 메모리(heap memory)에 올려두고 그 레퍼런스변수를 통해 사용하게 된다. 그러나, 자바에 미리 준비된 API를 살펴보면 객체를 생성하지 않고 메소드를 바로 사용할 수 있는 것들이 많다. 이런 것들은 모두 static 메모리에 보관하고 사용한다. 즉, static라는 키워드를 멤버나 메소드 앞에 붙이게 되면 따로 생성하는 과정이 없더라도 사용이 가능하다. 이 때는 레퍼런스 변수도 없으므로 클래스 이름으로 접근하게 된다.
메소드 오버로딩(다형성)	스포츠카와 트럭은 똑 같이 가속패달이 있는데, 그 가속 성능에 차이가 있죠. 가속한다()메소드를 다르게 준비해야 할까요? 즉, 스포츠카가속한다(), 트럭가속한다() 로 나누어서 만들어야 할까요? 사람이 하는 행위는 똑같이 가속한다()이고 객체에 관계없게 그렇게 표현하고 싶다면요?	같은 이름의 메소드이지만 매개변수의 수와 형, 순서에 따라 호출될 수 있게 설계한 것을 오버로딩이라 한다. speed()와 speed(int s)는 다른 메소드로 존재할 수 있음을 설명하고 그 필요성을 이해할 수 있어야 한다.
객체의 has-a 관계(집합)	큰 객체는 작은 객체들이 여럿 모여서 이루어 질 수 있을텐데, 어떻게 표현하죠?	자동차 객체는 엔진개체아 차체개체, 문객체, 바퀴객체, 헤드라이트객체 등올 구성될 수 있다. 가장 큰 객체인 자동차 객체는 결국 작은 객체들로 구성되었는데, 이를 표현하는 방법을 학습한다. 큰 객체의 멤버로 작은 객체의 레퍼런스를 가지고 큰 객체 생성 시에 작은 객체를 먼저 생성시켜서 그 주소를 큰 객체의 멤버에 넣어주게 된다. 실무에 적용된 사례를 살펴본다.

▸▸ 입문자 맞춤교육을 위한 체크리스트

학습분야	질문	대답이 "아니오"인 경우 학습사항
객체의 은닉(캡슐화)	객체의 값이 중요한데 아무데서나 멤버의 값을 바꾸어버리면 어떻게 하죠? 즉, 자동차의 현재 속도를 가속한다()라는 메소드를 사용하지 않고 단순히 100Km로 올려버리면 가속한다()메소드는 속상하지 않을까요? 또한, 자동차가 어떻게 가속되는지 구조를 몰라도 액셀만 밟으면 자동차는 가속하게 되죠. 그 구조를 감추는 것이 복잡하지 않고 오히려 여러 자동차 대상의 운전에 도움이 되죠.	보통, 객체의 멤버는 그 객체의 메소드를 통해서 값을 넣을 수 있도록 설계한다. 이렇게 하기 위해서는 멤버들의 속성에 private 라는 단어를 붙여준다. 이렇게 되면 실수로 멤버의 값을 외부에서 변경하는 일은 허용되지 않게 된다. 이때, public, protected, private, friendly 접근제어자에 대한 설명을 부가한다.
객체의 is-a 관계(상속)	자동차 객체를 설계한 후에, 트럭 객체를 설계할 일이 있다면 또다시 처음부터 자동차이름, 색상, 모델명, 자동차 넘버, 현재속도, 바퀴방향 멤버와 가속한다(), 감속한다(), 정지한다(), 주유한다(), 좌로 감는다(),우로 감는다() 등의 멤버와 메소드를 설계한 후에 화물적재량, 화물을 싣는다(), 화물을 내린다()와 같은 멤버와 메소드를 추가해야 할까요? 자동차에서 간단히 트럭의 특징만 추가 혹은 변경할 수 없나요?	객체지향 프로그래밍의 특징 중 하나인 상속에 대해 학습한다. 현장의 담당자가 알고 있는 상속의 실무 예제를 보여주고 그 필요성을 알려준다. 상속은 프로그램 재사용성을 획기적으로 높여주게된다. extend 키워드에 대한 거부감을 없애고 오히려 그 효과에 대한 장점을 충분히 인식할 수 있도록 한다.
메소드 오버라이딩(다형성)	자동차로부터 상속받아 트럭 객체를 설계했다면 자동차객체에 이미 가속한다()는 기능이 있죠. 이를 이용하면 되겠지만 트럭의 가속한다()는 자동차의 가속한다()기능과 차이가 있다면 어떻게 설계하는게 좋을까요?	보통 상속이 일어나면 상위 클래스의 메소드를 그냥 사용하게 되지만, 하위 클래스에서 다르게 정의할 필요가 있을 경우에는 같은 이름의 메소드를 하위 클래스에 똑같이 정의한다. 이렇게 하여 상위클래스의 메소드를 감추게 된다. 꼭 필요한 경우에는 super이라는 키워드를 사용하여 상위 클래스의 메소드를 호출할 수 있는 방법을 소개한다.

▸▸ 입문자 맞춤교육을 위한 체크리스트

학습분야	질문	대답이 "아니오"인 경우 학습사항
객체의 추상화	상속 관계의 객체들은 이해가 되는데요, 상속용으로만 사용되고 실체를 만들 수 없는 객체도 존재하지 않을까요. 예를 들면 동물 계층 밑에 포유류, 어류, 조류, 파충류 등이 있고 포유류에는 다시 고양이과, 개과, 원숭이과, 사슴과 등으로 나누어지고 개과에는 슈나우저, 테리어, 불독, 리트리버 등의 종으로 나누어 집니다. 종까지 분류가 되어야 이제 특정 개 "루미"라는 이름의 테리어 실체를 만들 수 있게 되죠. 그럼 동물이나, 포유류, 개과 등의 상위개념에서는 실체를 만들 수 없는 것 아닌가요?	객체를 설계할 때, 인간이 생각과 같이 만들면 개념만 존재하는 객체를 설계할 수 있다. 자동차도 마찬가지이다. 자동차는 다시 스포츠카, 트럭, 승용차, 버스, 특수차 등으로 나뉘어지게 되는데, 자동차라는 개념을 실체로 만들 수는 없다. 이때, 상속받기 위한 상위 개념을 클래스로 만들게 되는데 추상화라 한다. 특히 움직인다()하는 메소드를 동물의 특징으로 넣었지만 특별히 정의하기가 어렵다. 포유류는 다리를 이용하여 걷거나 달리고, 조류는 날개를 이용하여 나는 것이고, 어류는 지느러미를 이용하여 헤엄치는 것이다. 이때 움직인다() 라는 메소드는 앞쪽에 abstract라는 키워드를 두어서 상속받는 하위객체에서 다시 정의(오버라이딩)하게 한다. abstract 라는 키워드를 사용한 메소드가 하나라도 존재하게 되면 그 클래스는 추상 클래스가 된다. 산업체에서 실무에 사용되는 추상 클래스를 살펴보고 추상화에 대한 이해도를 높인다.
추상화된 객체 인터페이스	동물의 움직인다() 기능은 그 내용을 정의할 수 없죠. 포유류, 조류, 어류, 파충류 등에 따라 움직이는 방법이 다르니까요. 그런데, 상위 개념인 동물 객체에서 움직인다() 기능은 꼭 필요한데, 마땅히 내용을 정의하기가 어려운데 어떡하죠?	추상화 객체는 메소드의 내용을 정의하지 않을 수 있다. 각 메소드는 상속받는 하위 클래스에서 구체적으로 정의하게 된다. 인터페이스에 대한 개념을 익힌다.

▸▸ 입문자 맞춤교육을 위한 체크리스트

학습분야	질문	대답이 "아니오"인 경우 학습사항
자바의 Math 클래스	어떤 수에 멱승을 구하려면 어떻게 하죠? 또, 1부터 100사이의 수를 임의로 출력하려면 어떻게 할까요? (int)(Math.random()*100+1)	pow()메소드나 random()메소드의 사용법을 익혀야 한다. 모두 java.lang.Math 클래스에 들어있으므로 수학적 표현을 사용할 경우, math클래스를 익혀야 한다. 그 외에 절대값, 삼각함수, 최대값, 최소값, 반올림 등을 구하는 메소드가 존재한다.
자바의 Random클래스	주사위를 3000번 던졌을 때, 각 눈이 나오는 횟수를 모의실험할 수 있나요? 아래의 문이 나타내는 의미를 아시나요? Random r = new Random(); r.nextInt(6)+1	Random 객체를 이용하여 임의의 수를 발생시키는 단순한 방법을 이해시킨다.
String 클래스	어떤 문자열에서 5번째 글자가 무엇인지 확인할 수 있나요?	String클래스에서 charAt()메소드를 이용하면 특정한 위치의 문자를 취할 수 있다. 이를 이용하면 단순한 검색 기능 구현이 가능하다. 대문자를 소문자로 바꾸는 기능들도 여기에 포함되는 등, 문자열과 관련된 조작에 유용하다.
기본형과 객체형 사이의 형변환	"500"을 숫자 500 으로 바꿀 수 있나요? 거꾸로는 또 어떻게 할까요?	Integer객체의 parseInt() 메소드를 사용하면 문자열을 숫자로 표현하는 것이 가능하다. 또한, Integer의 toString()를 사용하면 문자열로 바꿀 수 있다. 교육생에게 Wrapper 클래스를 소개한다.
최상위 Object 객체의 equal()메소드	두 개의 실체가 같은지 다른지 확인하는 방법을 알고 있나요?	자바에서 미리 준비된 모든 객체는 equal()메소드를 가지고 있다. 따라서, 실체의 값이 같은지 확인하려면 equal()메소드를 사용한다.
시간(달력)관련된 처리	지금이 며칠, 몇시, 몇분인지 알 수 있나요?	Calender 객체의 여러 메소드를 익히면 날짜와 시간과 관련된 일들을 할 수가 있다. 실무에서 어떻게 사용되는지 알아본다.

▸▸ 입문자 맞춤교육을 위한 체크리스트

학습분야	질문	대답이 "아니오"인 경우 학습사항
Collection 패키지	자료구조의 스택을 객체모델링한 Stack클래스가 있다는데 본인이 사용할 수 있나요? 자바를 공부한 사람은 ArrayList라는 배열 비슷한 말을 많이 사용하는데 도대체 뭔지 아시나요 ?	자료구조를 모델링한 객체들을 모아서 Collention패키지라 한다. ArrayList 혹은 Vector 객체의 사용법과 기능을 숙지해두어야 객체의 배열을 만들어 사용할 수 있다.
File클래스	메모장에서 입력한 데이터를 자바 프로그램에서 읽을 수 없을까요? 또 자바 프로그램의 결과를 화면이 아닌 파일로 저장하는 방법에 대해 알고 있나요 ?	File객체의 read()메소드를 사용하면 file의 내부를 읽을 수 있게 된다. 반대로 write()메소드를 사용하면 기록할 수 있다. 단순한 데이터는 데이터베이스를 사용하지 않고 파일을 사용하여 입출력하는 것도 나쁘지 않다. 실무에서는 어떤 곳에 사용할까 확인해 보자.
GUI 프로그래밍 이해	사과, 딸기, 2 개의 체크박스를 준비하여 어느 쪽이 눌렸는지 확인한 다음, 그기에 따른 출력처리를 해주는 프로그램을 짤 수 있나요 ?	AWT와 Swing 팩키지를 활용하면 GUI프로그래밍을 만들 수 있다. 대부분의 Windows 프로그램은 AWT 혹은 Swing패키지를 활용한다. 어떤 종류의 컴포넌트 객체가 있는지, 객체별 메소드까지 살펴보아야 Windows 프로그래밍을 할 수 있다. 실무에 사용된 가장 단순한 GUI프로그램 소스를 살펴보도록 한다.
GUI 프로그래밍	화면에서 원하는 위치에 본인의 이름을 입력하거나 표시할 수 있나요 ?	화면의 적당한 위치에 입력/출력 창을 준비하고 데이터를 입력/출력하는 방법을 알아본다. 컴포넌트들이 어떻게 위치하게 되는지 배치(Layout)에 대한 학습을 진행한다.

▸▸ 입문자 맞춤교육을 위한 체크리스트

학습분야	질문	대답이 "아니오"인 경우 학습사항
데이터베이스 이해	여러 명의 학번과 이름, 전화번호를 컴퓨터에 보관해 두었다가 다음 날, 다시 추가, 수정, 삭제, 출력할 수 있는 데이터베이스의 명령을 알고 있나요?	데이터베이스에 대한 학습을 진행한다. person 테이블을 준비하고 여기에 no, name, phone 등 3개의 필드로 구성하며, 데이터를 추가, 수정, 삭제할 수 있는 SQL문을 이해한다. <u>실무에 사용중인 DB로 실제 테이블을 제작해보자.</u>
자바에서 데이터베이스와 연동하기	자바 프로그램에서 여러 명의 학번과 이름, 전화번호를 입력받은 후, 데이터베이스와 연동하여 보관하고 수정, 출력하는 프로그램을 작성할 수 있나요?	JDBC로 데이터베이스와 연동하는 6단계에 대해 학습한다. java.sql.*을 import, Connedtion 객체생성, Statement객체생성, SQL문결과ResultSet객체 생성, 모든객체 닫기.
데이터베이스를 활용하는 실무 프로그램 살펴보기	실무에서는 보통 10-20여개의 테이블을 사용하여 필요한 자료들을 보관하게 되는데, 테이블을 2개 이상 사용하는 프로그램을 작성해 본 적이 있나요?	실무에 활용되고 있는 프로그램에서 데이터베이스를 사용하고 있는 프로젝트를 학습한다. ERD를 살펴보고 관계들을 분명히 이해할 수 있도록 한다. ERD가 없을 경우, 실제로 교육생이 그려 보도록 한다.

20일차 (최종평가)

현장실습 마지막 날이다.
지금까지 모든 현장실습 교육과정의 최종 평가를 수행한다.

실습생

- 2차 과제물 평가 발표
- 최종 보고서와 발표자료 작성
- 지도교수와 산업체 교육 담당자에게 발표

산업체 교육 담당자

- 2차 과제물 평가
- 최종 평가 보고서 작성
- 지도교수에게 평가 결과 보고

지도교수

- 실습생 현장실습 중간 점검 사항 작성
- 산업체 교육 담당자와 면담

(1) 최종 점검 설문조사 작성

현장실습 완료 설문조사

산업체명		교육생명	
구분	점 검 내 용		답 변
산업체 수행 점검	• 산업체의 현장실습 분야가 현장실무능력 향상에 적절하였는가?		□매우그렇다. □그렇다. □보통. □아니다. □매우아니다.
	• 산업체의 현장실습 교육과정 지도는 잘 이루어졌는가?		□매우그렇다. □그렇다. □보통. □아니다. □매우아니다.
	• 현장실습이 산업체에 도움을 주었는가?		□매우그렇다. □그렇다. □보통. □아니다. □매우아니다.
실습생 실무능력점검	• 실습생의 현장실습 목표 달성치를 달성하였는가?		□매우그렇다. □그렇다. □보통. □아니다. □매우아니다.
	• 현장실습 분야에 맞는 전공 심화 능력이 어느 정도 향상되었는가?		□매우그렇다. □그렇다. □보통. □아니다. □매우아니다.
	• 전공 설계 능력(포트폴리오 또는 설계 보고서 점검)이 어느 정도 향상되었는가?		□매우그렇다. □그렇다. □보통. □아니다. □매우아니다.
현장실습 수행점검	• 팀워크 능력이 어느 정도 향상되었는가?		□매우그렇다. □그렇다. □보통. □아니다. □매우아니다.
	• 직무인성에 대한 인지도는 어느 정도 향상되었는가?		□매우그렇다. □그렇다. □보통. □아니다. □매우아니다.
	• 기회가 닿는다면 현장실습한 산업체에 취업하겠는가?		□매우그렇다. □그렇다. □보통. □아니다. □매우아니다.
	• 현장실습 산업체에 대한 인지도는 어느 정도인가?		□매우그렇다. □그렇다. □보통. □아니다. □매우아니다.
최종 점검 의견	현장실습에 대한 자신의 의견을 적어주세요.		

양식번호 HS-404s

(2) 최종 보고서 작성

<table>
<tr><td colspan="4">OJT 실습 최종 보고서(실습생)</td></tr>
<tr><td>작 성 자</td><td></td><td>작성일자</td><td></td></tr>
</table>

<table>
<tr><td colspan="3" rowspan="2">실 습 자</td><td>학 과</td><td></td></tr>
<tr><td>성 명</td><td></td></tr>
<tr><td>교육과정명
(교육 레벨)</td><td colspan="4"></td></tr>
<tr><td>교육실시일</td><td></td><td colspan="2">교육종료일</td><td></td></tr>
<tr><td>교육 과정 계획 목표</td><td colspan="4"></td></tr>
<tr><td>과제 내용</td><td colspan="4"></td></tr>
<tr><td>과제 결과</td><td colspan="4">※ 발표자료 첨부 (ppt)</td></tr>
</table>

양식번호 HS-401s

(3) 최종 평가 보고서 작성

<table>
<tr><td colspan="4">OJT 실습 최종 보고서(기업)</td></tr>
<tr><td>작 성 자</td><td></td><td>작성일자</td><td></td></tr>
</table>

<table>
<tr><td colspan="3" rowspan="2">교육자</td><td>부 서</td><td></td></tr>
<tr><td>성 명</td><td></td></tr>
<tr><td>교육과정명
(교육 레벨)</td><td colspan="4"></td></tr>
<tr><td>교육실시일</td><td></td><td colspan="2">교육종료일</td><td></td></tr>
<tr><td>교 육 사 항
(실 습 내 용)</td><td colspan="4"></td></tr>
<tr><td colspan="5">최 종 교 육 평 가</td></tr>
<tr><td colspan="5"></td></tr>
</table>

양식번호 HS-402m #1/2

(4) 실습생 평가서 작성

소 속	대학 학과(부)		
학 번		성 명	
실 습 기 간			
실 습 내 용			

상기 학생의 현장 실습에 대한 평가서를 다음과 같이 제출합니다.

평 가 / 항 목	우 수		보 통	미 흡		비 고
① 근무태도	5	4	3	2	1	
② 업무능력	5	4	3	2	1	
③ 언행, 용모, 예절	5	4	3	2	1	
④ 협동심	5	4	3	2	1	
⑤ 책임감	5	4	3	2	1	
⑥ 실습학생이 업체에 기여한 정도	5	4	3	2	1	
※ 보 완 사 항 (관리자가 직접작성)	1. 전공이 필요한 전공영역 2. 교양 및 인성영역 3. 기타 관리자가 관찰한 사항					

※ 해당란에 [○]으로 표기

20 년 월 일

평가자(대표자 또는 실습생 관리자)

소 속 :

직 위 :

성 명 : (인)

양식번호 HS-402m #2/2

(5) 교수의 최종 실습 보고서 작성

OJT 최종 실습 보고서(교수)			
작 성 자		작성일자	

<table>
<tr><td colspan="2">산업체명</td><td colspan="3"></td></tr>
<tr><td colspan="2">교육개시일</td><td></td><td>교육종료일</td><td></td></tr>
<tr><td colspan="2">산업체의 만족도</td><td colspan="3">상□ 중□ 하□</td></tr>
<tr><td colspan="2">교육생의 만족도</td><td colspan="3">상□ 중□ 하□</td></tr>
<tr><td colspan="2">교육과정 진행의 만족도 평가</td><td colspan="3">상□ 중□ 하□</td></tr>
<tr><td colspan="2">출퇴근 평가</td><td colspan="3">상□ 중□ 하□</td></tr>
<tr><td rowspan="2">평가</td><td>산학
협력
측면</td><td colspan="3"></td></tr>
<tr><td>자기
계발
측면</td><td colspan="3"></td></tr>
<tr><td colspan="2">최종 평가</td><td colspan="3"></td></tr>
</table>

양식번호 HS-403p

(6) 최종 제출물 요약

실습생

실습생은 다음의 실습결과들을 마지막으로 제출한다. 현장실습의 내용에 따라 생략되는 양식이 있을 수 있다.

번호	양식번호	내용	비고
1	HS-303s	프로젝트 분석표	
2	HS-304s	프로그램 분석표	
3	HS-305s	변수명 분석표	
4	HS-306s	데이터베이스 분석표	
5	HS-307s	테이블 명세표	
6	HS-308s	ERD 분석도	
7	HS-309s	입력프로그램 설계	
8	HS-310s	화면 출력프로그램 설계	
9	HS-311s	프린터 출력프로그램 설계	
10	HS-312s	프로그램 개선사항리스트	
11	HS-404s	현장실습완료 설문조사	
12	자유형식	자유형식 발표자료	

산업체 교육 담당자

산업체 교육담당 요원은 제출된 실습과제들을 평가한 후, 마지막으로 OJT 실습 최종 보고서를 작성한다.

번호	양식번호	내용	비고
1	HS-402m	OJT 실습 최종 보고서(산업체)	

지도교수

지도교수는 교육생의 실습과제물과 산업체 교육담당 요원이 작성한 최종 보고서를 확인한 후, 최종 보고서를 작성한다.

번호	양식번호	내용	비고
1	HS-403p	OJT 실습 최종 보고서(교수)	

현장실습 과정에서 제출된 모든 결과물을 확인하고 교육생과 산업체 교육담당자, 교수가 함께하는 최종 발표회와 향후 상호간의 협력과 교류를 위한 간담회를 개최한다.

3.1.4 기술자 교육과정

기술자의 현장실습 전반기 교육 과정이다. 0일차와 1일차는 입문자 교육과정과 동일하다.

2-9일차 (전반기)

실습생

- 현장실습일지 작성
- 기술자 현장실습 교육과정 수행
  - 산학협력 측면
  - 자기계발 측면

(1) 산학협력 측면에서 기술자 레벨 업무 내용과 관련 서식

기술자 레벨 교육생 대상의 산업체 보조측면 업무들에 대한 정리를 해본다. 해당업무로는 입문자 레벨의 전화응대, 고객방문응대, 각종 프로그램 테스트 후 버그리스트 작성, 기본적인 문서화 지원 등을 포함하고, 특히 문서화 지원을 할 수 있다.

현장실습 산업체와 협의하여 예제 양식과 유사한 방식으로 실습업무를 관리해 나간다. 특히, 기본적인 문서화를 지원하기 위해 객체지향적 문서화에 대한 보조도구(StarUML)의 사용법을 익혀, 업체에 도움이 될 수 있도록 전달한다. 산업체가 StarUML을 사용하고 있다면 작은 규모의 실무 시스템을 UML기법으로 문서화하여 산업체에 제공할 수도 있다.

1) 전화응대 업무

- 전화를 받고 전화응대 리스트에 기록
  - 상대방(고객)에게 호감을 주는 밝은 목소리와 긍정적 문장 사용
  - 고객의 입장에서 전화 상담. 상대방의 소속과 이름을 공손히 묻고 기록 후 대응
  - 용건을 묻고 자신이 대답할 수 있는 분야는 바로 처리 후에 완결 기록
  - 자신이 해결할 수 있는 문제가 아닌 경우는 담당자와 연결 후 완결 기록
  - 담당자가 자리에 없을 경우, 담당자에게 메모를 남기고 리스트에 미결로 처리
- 전화응대 리스트 사용

양식번호	HS-302s

2) 테스트 관련 보조업무

- 단위 프로그램별 테스트 후, 버그와 개선사항에 대한 기록을 남김

프로그램 개선사항리스트	HS-312s

3) 문서화 보조 업무

- 객체지향적 문서화 시도
  - 소프트웨어를 개발하기 위한 방법론은 수도 없이 많으며, 각 회사나 조직마다 독자적인 방법론을 가지고 있거나 이미 존재하는 것을 조금씩 다른 방법으로 사용하기도 함
  - 개발할 소프트웨어에 대한 애플리케이션 영역(Application Domain)과 사용될 프로그래밍 언어와 플랫폼도 모두 다름
  - 이러한 특성 때문에 소프트웨어 모델링 도구는 초기에 설정해야 할 사항들이 많아짐
  - 산업체가 객체지향적 문서화를 시행하고 있다면 문서화 도구를 익힘
  - 그렇지 않다면 StarUML을 산업체에 소개하기 위한 준비를 함
  - 객체지향적 문서화를 위한 도구 설치(StarUML)
  - StarUML에서는 위에서 제시한 내용들을 한 번에 설정할 수 있는 접근법(Approach)이라는 개념을 제공

접근법 구성 항목	설명
프로젝트 구조 (Project Structure)	시작할 프로젝트의 기본 구조를 설정. 패키지, 서브시스템, 모델 요소들로 기본적인 구조를 만들고 적절한 위치에 다이어그램을 기본으로 배치시킬 수 있음
사용할 프로파일들 (Import Profiles)	시작할 프로젝트에 기본으로 사용할 UML프로파일들을 자동으로 포함시킴
사용할 프레임워크들 (Import Frameworks)	시작할 프로젝트에 기본으로 사용할 프레임워크들을 자동으로 로드하여 포함시킴
읽어들일 모델 조각들 (Import Model fragments)	시작할 프로젝트에 기본으로 삽입할 모델 조각들을 자동으로 읽어들여 특정 요소 하위에 포함시킴

  - StarUML에서는 11가지의 UML다이어그램을 지원

다이어그램 종류	설명
Class Diagram	클래스 다이어그램(Class Diagram)은 클래스관련 요소들의 여러 가지 정적인 관계를 시각적으로 표현한 것. 클래스 다이어그램은 클래스(Class) 뿐만 아니라 인터페이스(Interface), 열거형(Enumeration), 패키지(Package) 및 여러 가지 관계들 뿐만 아니라 인스턴스(Instance)와 그것들의 연결(Link) 등도 포함할 수 있음
Use Case Diagram	유스케이스 다이어그램(Use Case Diagram)은 특정 시스템 혹은 개체내의 유스케이스(Use Case)들과 그 외부의 액터(Actor)들 간의 관계를 표현한 것. 유스케이스는 해당 시스템의 기능을 표현하며 그것들이 어떤 외부 액터들과 상호작용하는지를 나타냄

다이어그램 종류	설명
Sequence Diagram	시퀀스 다이어그램(Sequence Diagram)은 인스턴스들이 어떻게 상호작용을 하는지를 묘사. 하나의 협동-인스턴스 집합(CollaborationInstanceSet)에 포함된 인스턴스(Instance)들 상호간에 주고받는 자극(Stimulus)들의 집합인 상호작용-인스턴스집합(InteractionInstanceSet)을 직접적으로 표현. 시퀀스 역할 다이어그램(Sequence Role Diagram)은 역할(ClassifierRole) 중심의 관점을 반영한 반면, 시퀀스 다이어그램(Sequence Diagram)은 인스턴스(Instance) 중심의 관점을 반영한 것
Sequence Diagram (Role)	시퀀스 역할 다이어그램(Sequence Role Diagram)은 역할 개념들이 어떻게 상호작용을 하는지를 묘사. 하나의 협동(Collaboration)에 포함된 역할(ClassifierRole)들 상호간에 주고받는 메시지(Message)들의 집합인 상호작용(Interaction)을 직접적으로 표현함. 시퀀스 다이어그램(Sequence Diagram)은 인스턴스(Instance) 중심의 관점을 반영한 반면, 시퀀스 역할 다이어그램(Sequence Role Diagram)은 역할(ClassifierRole) 중심의 관점을 반영한 것
Collaboration Diagram	협동 다이어그램(Collaboration Diagram)은 인스턴스들이 어떻게 협동하는지를 묘사. 하나의 협동-인스턴스집합(CollaborationInstanceSet)에 포함된 인스턴스(Instance)들의 협동 모델을 직접적으로 표현. 협동 역할 다이어그램(Collaboration Role Diagram)은 역할(ClassifierRole) 중심의 관점을 반영한 반면, 협동 다이어그램(Collaboration Diagram)은 인스턴스(Instance) 중심의 관점을 반영한 것
Collaboration Diagram (Role)	협동 역할 다이어그램(Collaboration Role Diagram)은 역할 개념들이 어떻게 협동하는지를 묘사. 하나의 협동(Collaboration)에 포함된 역할(ClassifierRole)들의 협동 모델을 직접적으로 표현. 협동 다이어그램(Collaboration Diagram)은 인스턴스(Instance) 중심의 관점을 반영한 반면, 협동 역할 다이어그램(Collaboration Role Diagram)은 역할(ClassifierRole) 중심의 관점을 반영한 것

다이어그램 종류	설명
Statechart Diagram	상태 다이어그램(Statcchart Diagram)은 특정 개체의 동적인 행위를 상태(State)와 그것들간의 전이(Transition)를 통해 묘사. 일반적으로 클래스의 인스턴스에 대한 행위를 묘사하는데 사용되지만 그 밖의 요소들에 대해서도 얼마든지 사용될 수 있음
Activity Diagram	액티비티 다이어그램(Activity Diagram)은 상태 다이어그램의 특별한 형태로써, 활동들의 수행 흐름을 묘사하는데 적합. 일반적으로 작업흐름(Workflow)을 표현하기 위해 많이 사용되며, 클래스, 패키지 혹은 연산 등의 개체에 대해 주로 사용
Component Diagram	컴포넌트 다이어그램(Component Diagram)은 소프트웨어 컴포넌트 사이의 의존관계를 묘사. 소프트웨어 컴포넌트를 구성하는 요소들과 그것들을 구현하는 요소들도 모두 표현될 수 있음
Deployment Diagram	디플로이먼트 다이어그램(Deployment Diagram)은 물리적인 컴퓨터 및 장비 등의 하드웨어 요소들과 그것에 들이 배치되는 소프트웨어 컴포넌트, 프로세스 및 객체들의 형상을 묘사
Composite Structure Diagram	복합구조 다이어그램(Composite Structure Diagram)은 분류자(Classifier)의 내부 구조를 표현하는 다이어그램입니다. 여기에는 Classifier가 시스템의 다른 부분들과의 상호작용하는 지점 등을 포함

• StarUML 홈페이지: http://staruml.sourceforge.net/ko/

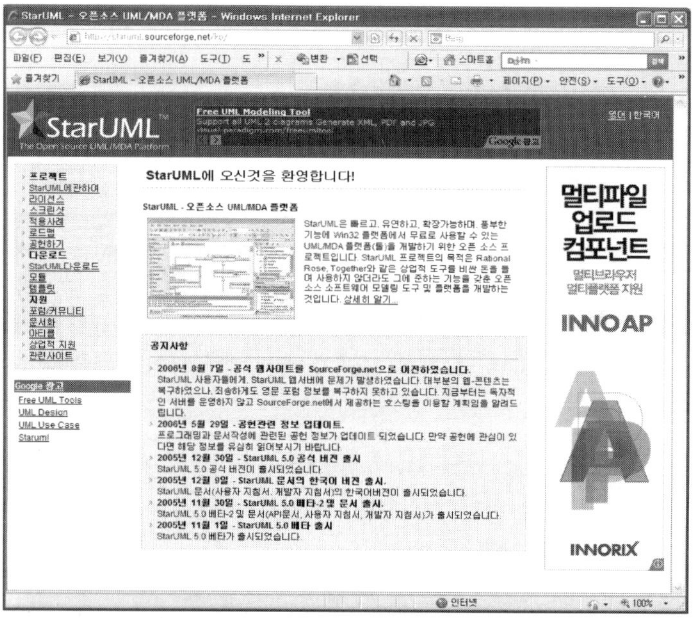

• StarUML Download 사이트:
http://sourceforge.net/projects/staruml/files/staruml/5.0/

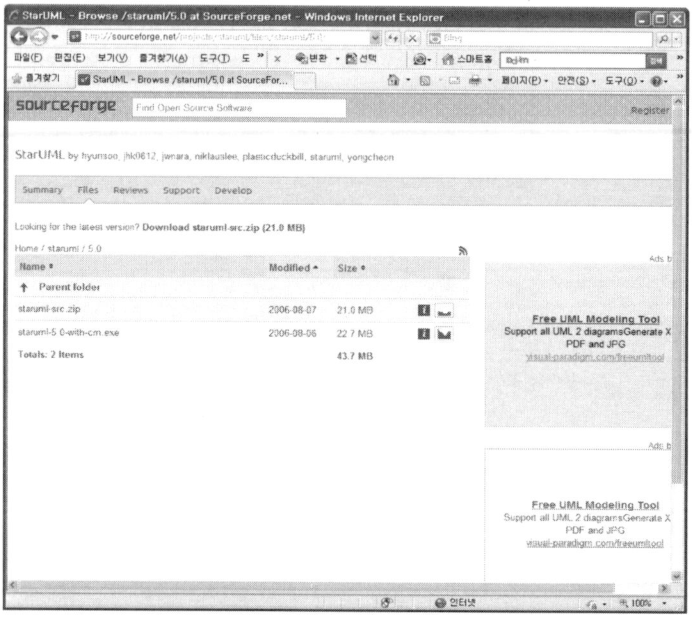

• StarUML Setup 방법

– 다운로드한 파일을 실행하면 Setup을 알리고, 라이센스 동의를 구한다.

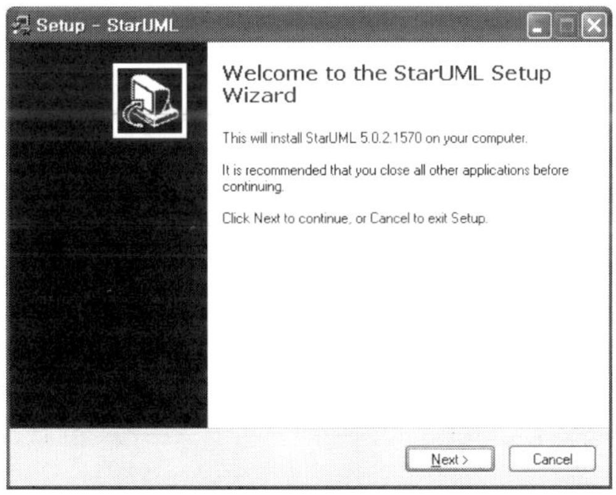

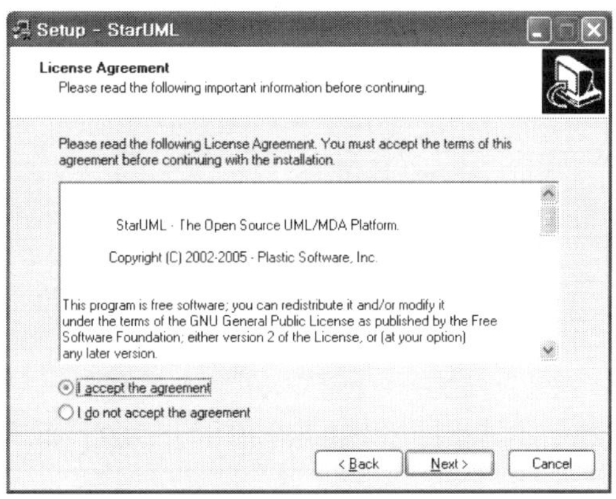

– Setup 폴더를 지정하고 StarUML 폴더 이름을 지정한다.

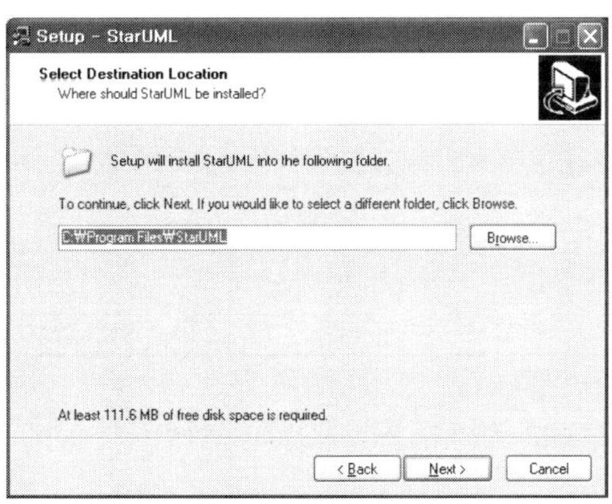

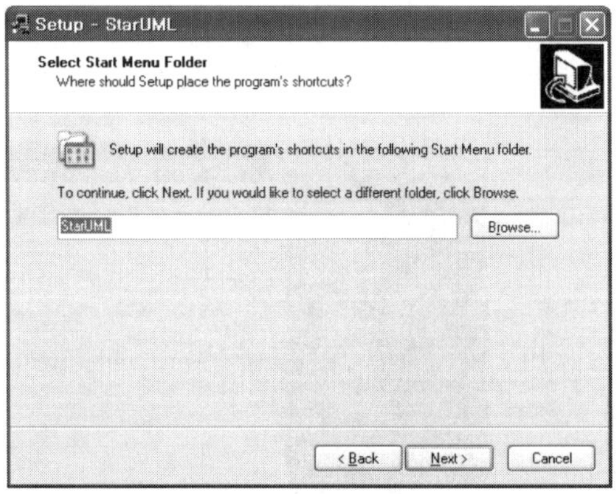

- 데스크탑에 아이콘 추가를 선택하고 모든 선택을 확인한다.

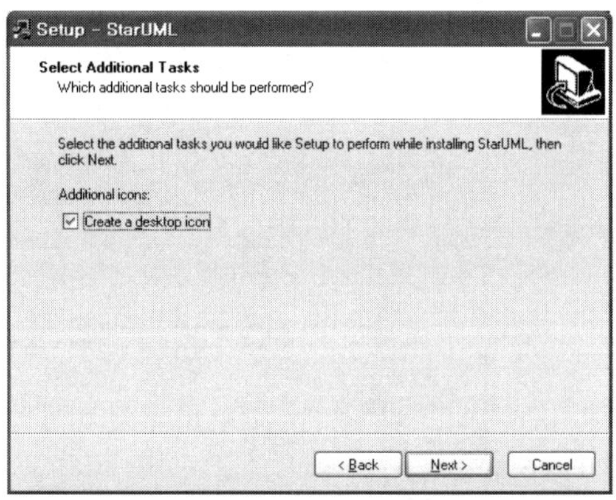

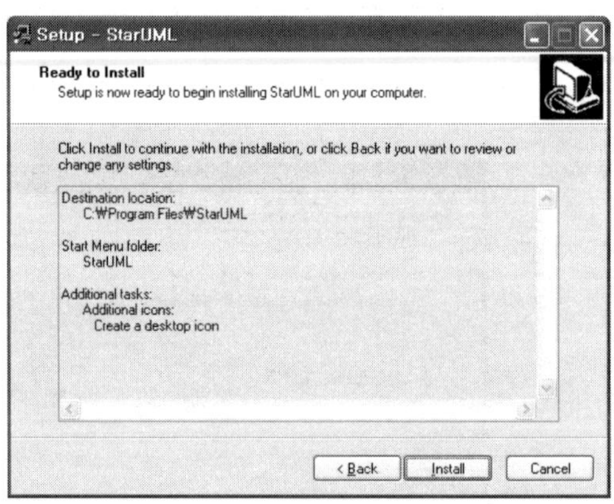

- Setup이 진행되고 설치가 완료되었음을 알린다.

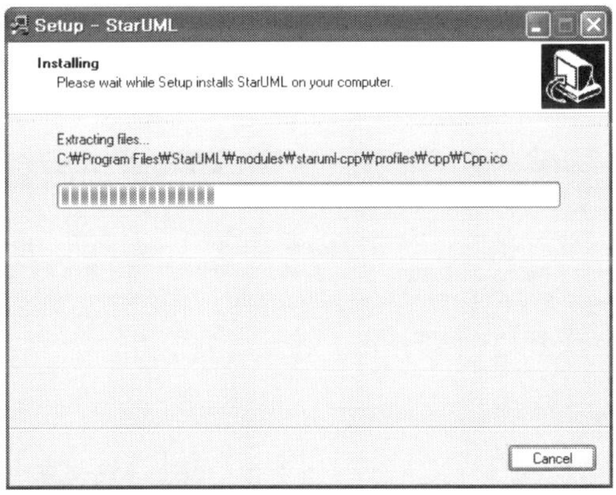

- StarUML 최초 실행화면
  - StarUML을 최초로 실행하면 새로운 프로젝트 생성을 위한 안내 창이 등장한다.

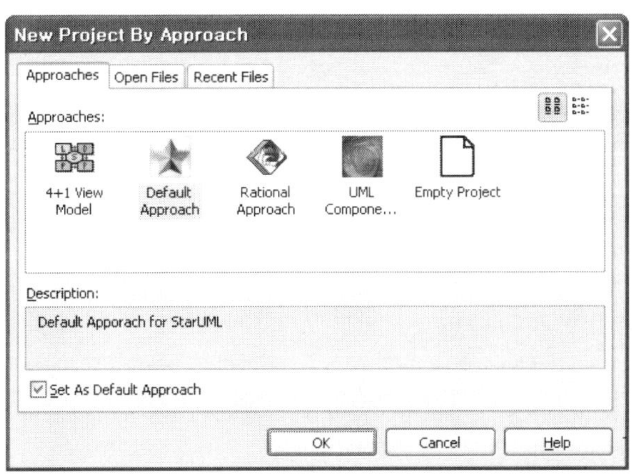

- StarUML IDE(통합개발환경)
  - 모든 작업은 다음과 같은 통합개발환경에서 이루어진다.

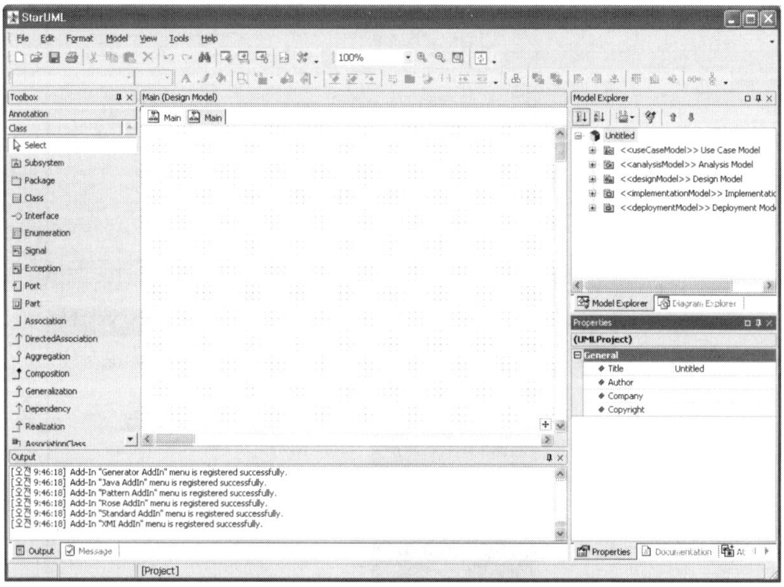

  - 몇몇 클래스 다이어그램을 생성하고 일반화(상속)를 진행한 화면이다.

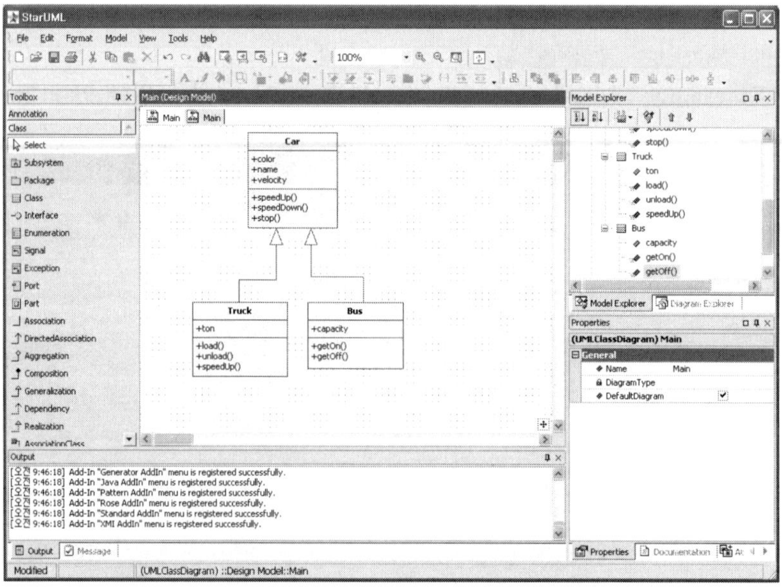

(2) 자기 계발측면에서 기술자 레벨 업무 내용과 관련 서식

1) 기술자 일차별 교육 일정 : 개발 프로젝트 문서화(분석법)기법 수지

일차	교육내용	
2일차	객체지향 UML 분석법 개략적이해	산업체에서 개발된 프로그램을 대상으로 문서화 실습하기
3일차	클래스다이어그램 익히기	
4일차	객체 다이어그램 익히기	
5일차	유스 케이스 다이어그램 익히기	
6일차	상태 다이어그램 익히기	
7일차	시퀀스 다이어그램 익히기	
8일차	액티비티 다이어그램 익히기	
9일차	통신 다이어그램 익히기	

2~9일차는 교육기관(학교, 학원 등)에서 기본적으로 배웠던 문서화 이론들을 정리하고, 실습을 하도록 한다. 그동안 소홀했던 문서화에 대한 기초를 확립한다.
문서화 기법은 세계표준 문서화 모델링 언어인 UML을 활용한다.
교육자와 교육생 간의 커뮤니케이션을 통하여 부족한 부분을 파악하고, 부족한 부분에 대한 설명이나, 실습 내용을 통하여 응용할 수 있는 분석 기법을 알려주고, 실습내용을 정리하여 최종적으로 하나의 간단한 프로젝트 문서를 작성한다.

▸▸ 기술자 맞춤교육을 위한 체크리스트

학습분야	질문	대답이 "아니오"인 경우 학습사항
UML이해 (Uniform Modeling Language)	문서화에 세계적 표준이라고 하는 UML이 뭐예요? 또, 저는 사례연구를 처음 해보는데요.	소프트웨어 제작 의뢰인과 시스템분석가, 프로그래머가 표준으로 받아들일 수 있는 다지인 표기법이 UML이며, 다양한 다이어그램으로 구성되어 있다. 산업체가 UML분석을 하고 있다면 실무분석 데이터를 대상으로 학습하고, 그렇지 않은 경우는 실제로 UML분석법에 의 한 각종 다이어그램들을 그려보기로 한다.
클래스 다이어그램	대부분의 사물은 자기만의 속성과 일정한 행동수단을 가지고 있는데 , 예를 들면 세탁기의 속성은 브랜드이름, 모델, 일련번호, 용량 등이며, 옷을 넣는다() 세제를 뿌린다(), 켜다(), 끄다() 등의 행동을 가지죠. 이를 다이어그램(UML)으로 표현할 수 있나요?	클래스를 나타내는 다이어그램에 대해 논의한다. UML에서는 두 단어 이상으로 이루어진 클래스 이름은 단어 사이의 공백을 없애고, 각 단어의 처음 문자를 모두 대문자로 한다. (예:WashingMachine) 속성과 행동의 이름 또한 마찬가지이지만, 가장 앞단어의 처음 문자는 소문자로 한다. (예:acceptClothes()) 클래스는 사각형으로 나타내며 위쪽부터 이름, 속성, 행위로 3등분하여 표현한다. 주변 사물을 속성과 행동으로 생각하는 버릇을 들이자. 실무에 사용되는 객체를 속성과 행동으로 나누어서 클래스 표현법으로 나타내 보자.
객체 다이어그램	세탁기 설계도와 실제 세탁기를 구별할 수 있죠. 하나의 설계도에서 여러 대의 세탁기가 만들어 지는거죠. 설계도를 클래스로 표현한다면 실제 세탁기(실체:인스턴스)를 나타내는 방법을 알고 있나요?	클래스를 나타내는 방법과 유사하지만, 이름에 밑줄이 그어져 있다. 인스턴스의 이름은 콜론의 왼편에 쓰며, 클래스의 이름은 콜론의 오른편에 쓴다. 인스턴스의 이름은 소문자로 시작하고, 인스턴스 명이 없는 객체도 표현이 가능하다. 실무에서 사용할 수 있는 실체들을 확인해보자.
유스케이스 다이어그램	개발된 시스템에서 사용자가 어떤 서비스를 받을 수 있으며, 또 사용자가 시스템에 접근하는 부분은 어떻게 표현하죠?	유스 케이스는 사용자의 입장에서 시스템의 행동을 표현한다. 보통 막대인간 그림은 행위자(actor)가 되고 타원은 dbtm 케이스로 나타낸다. 또한 유스케이스는 시스템을 의미하는 사각형 내에 있고 행위자는 사각형 바깥에 있다.

▸ ▸ 기술자 맞춤교육을 위한 체크리스트

학습분야	질문	대답이 "아니오"인 경우 학습사항
상태다이어그램	세탁기 객체는 물을 담고(soak)세탁하고(wash)행구고(rinse)돌리고(spin)정지(stop)될 수 있는데 이런 상태들의 변화를 어떻게 나타낼 수 있나요?	상태 다이어그램으로 처리의 상태가 변화해가는 것을 나타낼 수 있다. 최초 시작상태(start state)에서 다양한 상태들을 거쳐 최종적으로 종료상태(end state)로 흐른다. 상태들은 각이 둥근 사각형으로 나타낸다.
시퀀스 다이어그램	세탁기는 타이머, 입수관, 드럼, 배수관 등으로 구성되어 있죠. 세탁시에 아래와 같은 각각의 역할을 단계별로 나타낼 수 있나요? 1. 입수단계의 시작으로써 물이 입수관을 통해 드럽으로 들어간다. 2. 드럼은 5분동안 정지된 상태를 유지한다. 3. 입수단계의 끝으로써 물이 멈춘다. 4. 세탁단계의 시작으로써 세제가 투입되고 드럼이 앞뒤로 15분간 회전한다. 5. 세탁단계의 끝으로써 세제와 때가 섞인 물이 배수관을 통해 나온다. 6. 드럼의 회전을 멈춘다. 7. 행굼상태의 시작으로 물이 다시 들어간다. 8. 드럼은 다시 앞뒤로 회전한다. 9. 15분 후에 물이 멈추다. 10. 헹굼 단계의 끝으로써 물이 배수관을 통해 나온다. 11. 드럼의 회전이 멈춘다. 12. 탈수단계의 시작으로 드럼이 시계방형으로 회전하기 시작하면서 5분동안 가속한다. 13. 탈수단계의 끝으로써 드럼의 회전이 멈춘다. 14. 세탁이 종료된다.	타이머, 입수관, 드럼을 각각 객체로 생각한다. 각 객체는 하나 이상의 행동을 하면서 서로에게 메시지를 보내며 상호적으로 작동하게 된다. 메시지는 보내는 객체로부터 받는 객체로 전달되는 하나의 요청이라 볼 수 있다. 받는 객체가 할 수 있는 행동 중에서 어느 하나를 수행해달라는 의미로 의뢰하는 것이다. <u>타이머는</u> 입수의 시간을 잰다. 세탁의 시간을 잰다. 헹굼의 시간을 잰다. 탈수의 시간을 잰다. <u>입수관은</u> 물을 흘려보낸다. 물을 막는다. <u>드럼은</u> 물을 저장한다. 앞뒤로 회전한다. 시계방향으로 회전한다. 회전을 멈춘다. 물을 빼낸다. 시퀀스 다이어그램은 객체들간의 메시지전달과 각 객체의 역할을 시간대별로 나타낼 수 있다. <u>실무에서 사용 중인 시퀀스 다이어그램을 살펴보고 이해해 보자.</u>

▸▸ 기술자 맞춤교육을 위한 체크리스트

학습분야	질문	대답이 "아니오"인 경우 학습사항
액티비티다이어그램	프로그램을 작성할 때는 플로우 차트라는 기법이 있어서 코딩이 훨씬 쉬워질 수 있는데 시스템 분석 때도 이와 유사한 방법을 사용할 수는 없나요?	활동 다이어그램은 오퍼레이션이나 처리과정이 수행되는 동안 일어나는 일들을 간단하게 하기위해 고안되었으며 플로우 챠트와 유사하다. 각각의 활동은 가늘고 모서리가 둥근 사각형(상태 아이콘보다는 육상 경기장의 트랙과 더 가깝다)으로 나타낸다. 해당 활동 내의 처리과정이 끝나면 그 다음의 활동으로 자동적으로 옮겨진다.
통신 다이어그램	하나의 시스템을 구성하는 요소들은 다른 요소들과 손발을 맞추면서 시스템 전체의 목적을 이루어나가야 하는데, 여기에 가장 적합한 다이어그램은 뭐죠?	통신 다이어그램은 시퀀스 다이어그램처럼 객체들 사이의 교류를 보여준다. 통신 다이어그램내의 객체들은 메시지를 주고받으며 자신의 역할을 수행한다. 그런데, 이런 일은 시퀀스 다이어그램도 능히 하는 일 아닌가? 사실, 두 다이어그램은 의미상 동등하다. 시퀀스 다이어그램은 객체간의 교류를 시간의 순서에 초점을 두어 나타낸 것이지만, 통신 다이어그램은 교류를 수행하는 객체들의 전체적인 조직과 상황에 초점을 맞춘 것이다. 또한, 시퀀스 다이어그램은 시간에 따라 배열되지만 통신 다이어그램은 공간에 따라 배열된다.

10일차 (중간점검)

기술자 대상의 현장실습 중간 평가를 시행한다. 방법은 입문자와 동일하다. 실습생은 중간평가를 위한 보고서와 발표자료를 준비한 후, 산업체 교육 담당자와 지도교수가 참석한 가운데 발표회를 갖는다.

산업체 담당자는 중간 보고서와 발표, 그리고 전반기 교육과정을 지도하면서 체크해둔 사항들을 기본으로 중간평가 보고서를 작성하고 이를 지도교수에게 제출한다.

지도교수는 중간 보고서와 발표 참관, 그리고 산업체 교육담당자와 면담을 통해서 현재 진행되고 있는 현장실습을 점검하고, 필요한 경우 후반기 교육과정을 개선한다.

각종 양식은 입문자와 동일하므로 입문자 중간 평가에서 사용한 양식을 사용하도록 한다.

실습생

- 1차 과제물 중간 평가 발표
- 중간 보고서와 발표자료 작성
- 지도교수와 산업체 교육 담당자에게 발표

산업체 교육 담당자

- 1차 과제물 중간 평가
- 중간 평가 보고서 작성
- 지도교수에게 중간 평가 결과 보고

지도교수

- 실습생 현장실습 중간 점검 사항 작성
- 산업체 교육 담당자와 면담

(1) 중간검검 제출물 요약

실습생

실습생은 다음의 실습결과들을 중간 점검 자료로 제출한다.

번호	양식번호	내용	비고
1	HS-301s	전반기 현장실습일지	
2	HS-302s	전화(방문) 응대 리스트	
3	HS-303s	프로젝트 분석표	
4	HS-304s	프로그램 분석표	
5	HS-305s	변수명 분석표	
6	HS-306s	데이터베이스 분석표	
7	HS-307s	테이블 명세표	
8	HS-308s	ERD 분석도	
9	HS-309s	입력프로그램 설계	
10	HS-310s	화면 출력프로그램 설계	
11	HS-311s	프린터 출력프로그램 설계	
12	HS-312s	프로그램 개선사항리스트	
13	자유형식	중간발표용 PPT	

산업체 교육 담당자

산업체 교육담당 요원은 제출된 실습과제들을 평가한 후, OJT 실습 중간 보고서를 작성한다.

번호	양식번호	내용	비고
1	HS-202m	OJT 실습 최종 보고서(산업체)	

지도교수

지도교수는 교육생의 실습과제물과 산업체 교육담당 요원이 작성한 중간 보고서를 확인한 후, 현재까지 진행된 현장실습에 관한 중간 보고서를 작성한다.

번호	양식번호	내용	비고
1	HS-203p	OJT 실습 중간 보고서(교수)	

현장실습 과정에서 제출된 모든 결과물을 확인하고 교육생과 산업체 교육담당자, 교수가 함께하는 중간 발표회와 후반기 현장실습의 개선을 위한 간담회를 개최한다.

11-19일차

현장실습 후반기 교육 과정이다. 교육생의 산업체 S/W 생산품에 대한 이해도가 높아졌다고 보며, 본격적인 문서화에 돌입한다. 실습생은 현장실습일지와 산학협력 차원에서의 업무, 자기계발 차원에서의 학습을 주로 해나가게 된다. 교육담당 직원이나 교수는 특별히 따로 작성하는 문서가 없다.

실습생

- 현장실습일지 작성
- 입문자 현장실습 교육과정 수행
  - 산학협력 측면
  - 자기계발 측면

(1) 산학협력 측면에서 후반기 기술자 레벨 업무 내용

산업체가 기 개발한 단위 프로젝트를 대상으로 UML에 의한 문서화 작업을 진행한다. 가장 가벼운 프로젝트를 대상으로 11가지 모델링 기법 중에서 클래스 다이어그램, 유스케이스 다이어그램, 시퀀스 다이어그램, 액티비티 다이어그램을 적용하여 문서화에 대한 능력을 높이고 산업체에 기여할 수 있는 실무 지향 문서화를 진행한다. 대상이 되는 프로젝트는 산업체마다 다를 수 있으나, 세계적 표준을 적용한 StarUML을 이용하면 대부분의 프로젝트에서 객체지향적 문서화가 이루어진다. UML을 이용한 문서화가 꼭 필요한 이유를 산업체가 인식하도록 하는 것이 중요하다. 다음과 같은 이유가 될 것이다.

▣ 자세한 청사진을 세우지 않으면 사무실 빌딩 같은 복잡한 구조물을 만들 수 없듯이, 상세한 계획을 세우지 않으면 사무실 빌딩에 들여놓을 복잡한 시스템을 구축할 수 없게 된다. 이 계획은 건물주에게 건축가가 설계도를 보여 주듯이, 소프트웨어를 사용할 고객에게 보여주는 설계도도 그 이치가 똑같다.

▣ 디자인 계획은 고객의 요구를 상세하게 분석한 결과로써 주어진다. 요즈음 시스템 개발 추세는 전체 개발 기간을 짧은 시간간격으로 나누는데 있다. 각각의 시간 간격 끝에 작업 기한이 놓여 지면 이제 완전한 설계가 뒤를 따르게 될 수 밖에 없다.

▣ 또 하나는 현대 생활 패턴이 완벽한 설계를 요구하고 있다. 즉, 업무 인수 인계이다. 한 회사가 다른 회사를 받아들였을 때 혹은 이직으로 담당자가 교체되었을 때, 새조직 혹은 새로운 직원은 진행 중인 개발 프로젝트의 중요한 부분을 바꿀지도 모르는 일이다. 이 때 집행부의 집중 사격을 막을 수 있는 완전한 설계 계획이 문서로 구비되어 있으면 업무 변경이 부드럽게 이루어진다.

▣ 단단한 설계에 대한 필요성은 바로 디자인 표기에 대한 필요성을 낳았다. 전자회로를 체계적으로 그려 둔 도면을 엔지니어가 읽을 수 있듯이 분석가, 개발자, 의뢰인이 표준으로 받아들일 수 있는 디자인 표기가 필요하며, UML이 바로 그 표기이다.

1) 실무 프로젝트를 UML처리하기

지금 개발 예정인 실무 프로젝트가 있다면 의뢰자의 요구 분석부터 UML기법을 사용하여 문서화하는 것이 좋다. 지금까지 산업체에서 진행해 오던 분석방법이 있을 것이지만 이와는 별도로 UML기법으로 문서화를 진행한다. 두 방법 사이의 장·단점을 비교해 보고, 국제표준 UML표기법을 사용할 수 있도록 변화를 시도한다.

클래스 모델링의 예

클래스는 UML로 나타낼 때, 사각형 안에다가 클래스 이름을 적어 넣는다. 이 때 클래스 이름은 첫 자를 대문자로 적고, 사각형의 상단에 가깝게 두는 것이 상례이다. 클래스 이름이 두 단어로 되어 있다면 두 단어를 붙여 쓰고, 둘째 단어의 첫 자도 대문자로 쓴다. 클래스는 속성(atrtribute)과 행위(operation)로 구성되며, 경우에 따라 책임과 제약도 부가할 수 있다.
속성이란 클래스에 속한 특성에 이름을 붙인 것으로 이것이 가질 수 있는 값의 범위를 설정한다. 클래스는 0개 이상의 속성을 가질 수 있다. 한 단어로 된 속성의 이름은 소문자로 쓰는 것이 보통이며, 속성 이름의 두 단어 이상으로 되어 있는 경우에는 두 단어를 붙여쓰되, 둘째 단어부터 첫 문자를 대문자로 쓴다. 클래스 아이콘에 속성을 적을 때는 클래스 이름 아래에 한 줄을 그어 구분지은 후에 그 줄의 아래부터 시작한다.
오퍼레이션은 객체에게 요청할 수 있는 행동을 말한다. 속성 이름과 마찬가지로, 한 단어로 되어 있는 오퍼레이션의 이름은 소문자로 시작한다. 만일 오퍼레이션의 이름이 두 문자 이상으로 되어 있다면 각 단어를 하나로 붙인 후에 둘째 단어부터 첫 자를 대문자로 시작하게 된다. 오퍼레이션 리스트는 속성 리스트가 위치한 구역의 아래 부분에 위치시키고, 역시 한 줄을 그어 속성 리스트 영역과 구분 짓는다. 아래 그림은 세탁기를 클래스로 표현한 것이다.

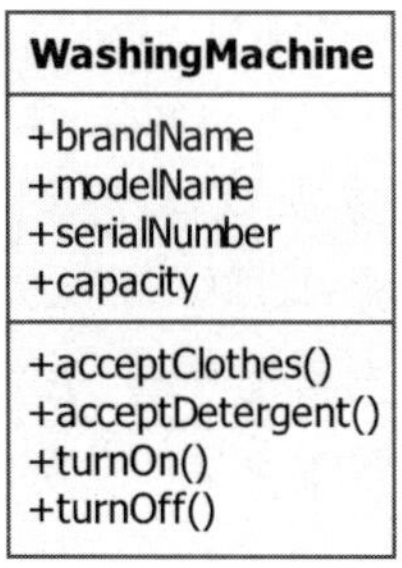

클래스는 지식 도메인에 기반한 어휘와 용어로부터 만들어진다. 시스템 분석가는 의뢰인과 상담하여 그들이 가지고 있는 지식 도메인을 파악하여 정리하고, 그 도메인에서 발생되는 문제를 해결할 컴퓨터 시스템을 설계해 나가면서, UML에 사용할 용어를 선정하고 이것을 클래스로 모델링하는 것이다.
따라서 의뢰인과 이야기할 때는 그들이 몸담고 있는 업무에서 사용되는 명사(Noun)에 특히 귀를 쫑긋이 세우고 있어야 한다. 이 명사들은 모델링할 클래스의 이름이 될 가능성이 매우 높다. 또한, 그들이 말하는 동사(Verb)도 놓치지 말아야 한다. 왜냐하면, 모델링한 클래스의 오퍼레이션이 될 후보들이기 때문이다. 그렇다면 속성은 어디서 찾을까? 바로 클래스 이름이 되는 명사와 관련된 명사들을 건지다보면 괜찮은 속성 이름을 만들 수 있을 것이다. 클래스의 핵심이 되는 리스트(클래스 이름, 속성, 오퍼레이션)를 모두 정리한 다음에는, 각각의 클래스가 의뢰인의 업무에서 어떤 역할을 할지에 대하여 묻도록 하자. 이에 대한 대답은 클래스의 책임 설명으로 적을 수 있다.
산업체마다 실제 개발 대상 도메인이 다르므로 여기서는 특정한 도메인에 종속되지 않고 일반적으로 누구나 즐기는 농구게임을 모델링하는 시스템분석을 시도해보도록 한다. 농구게임의 요구분석을 위하여 자료수집 차 농구팀 감독이나 코치(의뢰인)를 만나고 인터뷰하게 된다. 그들과 나눈 대화를 바탕으로 클래스를 설계하게 된다.

분석가: 감독님, 농구게임이 뭔지 간단히 정리해 주세요.

감독: 농구란게 뭐 있습니까? 상대편의 골대에 걸린 바스켓(basket)에다가 공(ball)을 던져 넣어서 스코어가 많은 편이 이기는 것이죠. 각 팀은 두명의 가드(guard), 두 명의 포워드(forward), 센터(center), 이렇게 다섯 선수(players)로 구성됩니다. 이 다섯 명은 공을 어떻게든 상대편 바구니 근처로 몰고(advance) 가서 슛(shoot)하죠.

분석가: 공을 어떻게 몰고 가지요 ?

감독: 드리블(dribble)과 패스(pass)를 하면 되죠. 그리고 공격 시간(shot clock)이 다 되기 전에 슛을 해야 합니다.

분석가: 공격시간(shot clock)이요 ?

감독: 예 한 팀이 공격권을 가진 후에 슛하는데 까지 걸리는 제한시간입니다. 프로 농구에서는 25초이고, 국제 경기에서는 30초, 대학 농구에서는 35초이지요.

분석가: 스코어는 어떻게 계산합니까?

감독: 3점슛 라인(Three Point Line)뒤에서 슛을 하지 않으면 한 골당 2점씩입니다. 3점슛 라인 뒤에서 슛을 해서 넣었다면 3점이죠. 프리 드로우(Free Throw)는 1점입니다. 프리 드로우는 파울을 했을 때 던지는 것이죠. 상대편(opponent)에게 파울(Foul)을 하면 경기는 중단되고, 상대편은 프리 드로우 라인(Free Throw Line)에서 바스켓에 공을 던집니다.

분석가: 각 선수들이 어떤 역할을 하는지 조금 자세히 설명해 주세요.

감독: 가드는 드리블과 패스를 주로 하여 공의 수급을 맡습니다. 대개 포워드보다 키가 작죠. 또, 포워드는 센터보다 키가 작은 게 보통입니다. 모든 선수들은 드리블, 패스, 슛, 리바운드(rebound)를 할 수 있습니다. 포워드는 대부분의 리바운드와 미들 슛(intermediate range shooting)을 맡고, 센터는 바스켓 근처에 있다가 골밑 슛(shoots from close range)을 주로 하죠.

분석사: 코트(court)는 어떻게 되어 있나요? 그리고 한 게임의 제한 시간은 얼마나 됩니까?

감독: 국제 경기에서는 길이 28미터, 폭 15미터의 코트를 사용합니다. 바스켓은 지면에서 10피트 높이에 있지요. 이제 경기 시간을 말해 드릴까요? 프로 농구에서는 전체가 48분이고, 12분 단위 네 개의 쿼터(quarter)로 나누어져 있습니다. 대학 농구와 국제 경기에서는 전체가 40분이고 20분 단위의 전후반전(halves)으로 나뉩니다. 게임 시간(game clock)은 시작 후 남은 시간을 계속 표시하도록 되어 있어요.

감독과의 대화에서 건져낸 명사는 다음과 같다.

ball, basket, team, players, guards, forwards, center, shot, shot clock, three-point line, free throw, foul, free-throw line, court, game clock

다음은 동사이다.

shoot, advance, dribble, pass, foul, rebound

마지막으로 감독과의 대화에서 수집한 정보 외에도 여러분이 가지고 있는 상식도 클래스의 모델링에 사용할 수 있다. 예를 들어, 농구공의 부피(volume)와 지름(diameter)이라는 속성을 넣을 수 있다.

지금까지의 정보를 사용하여 만들어낸 클래스 다이어그램을 그려보도록 한다. 클래스, 속성, 오퍼레이션, 제약이 모두 표시되도록 한다. 몇 개의 클래스에는 책임 설명도 들어가야 한다. 이렇게 만들어진 다이어그램은 나중에 다시 농구팀 감독과 이야기할 때 충분한 기본 자료로 사용하여 더 많은 정보를 얻어 내는데 도움을 줄 것이다[4].

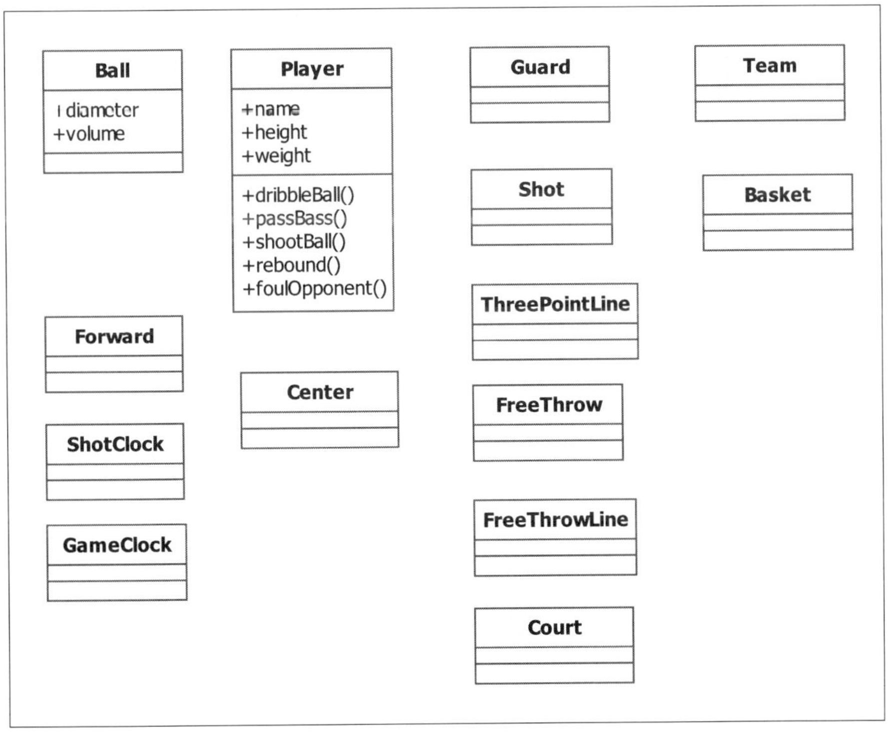

클래스 모델링 연습해 보기

현장실습 산업체의 비즈니스 도메인에 맞는 클래스 분석을 시행해 보자. 명사와 동사로 나열하고, 클래스화가 될 수 있는 것들과 클래스 내부의 속성이나 오퍼레이션이 되는 것들을 정리하여 나타내어 본다.

시스템 분석기초 자료표

프로젝트명			
작성일시		작성자	

객체명(명사)	구분	이름	설명
	속성		
	기능		

양식번호 HS-321s

클래스 다이어그램

프로젝트명			
작성일시		작성자	
검수자			

양식번호 HS-322s

연관관계 짓기

클래스가 개념적으로 서로 연결되어 있을 때, 이 관계를 연관(association)이라고 부른다. 예를 들어 농구팀과 선수 사이의 연관을 지어본다면 "한 선수가 한 팀에서 뛴다(plays on)"라는 말로 풀어볼 수 있을 것이다. 그렇다면 두 클래스 사이를 선으로 잇고, 선 위에 연관 이름을 붙인다. 둘 사이의 관계방향을 지정해 줄 수 있는데, 화살표 머리를 붙여주면 된다.

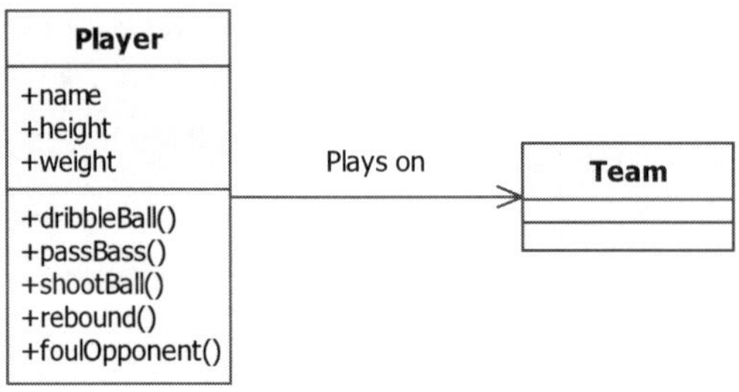

객체지향은 "일상생활의 보편적인 특징을 멋지게 표현해 낼 수 있다는 점"에서 그 우수함을 찾을 수 있다. 어떤 사물이 속한 범주가 가진 일반적인 특성을 알고 있다면 이 범주에 속해있는 다른 사물이 어떤 특성을 가지고 있을지를 저절로 알 수 있다. "가전제품"이라면 이 사물은 전원 스위치, 브랜드 이름, 일련 번호를 가지고 있다는 사실을 저절로 알게 된다. "동물"이라면 먹고, 자고, 태어나며, 한곳에서 다른 곳으로 이동할 수 있는 수단을 가지고 있다는 것 등 일반적인 속성을 금방 떠올릴 수 있는 것이다.

객체지향 개념에서는 상속(inheritance)이라고 하며, UML에서는 이것을 일반화(generalization)라고 한다. 농구 게임의 모델링 예제에서는 Player, Forward, Guard, Center 클래스가 있다. Player는 조금 더 구체화하여 속성을 추가하였는데, 이름(name), 키(height), 몸무게(weight), 주력(runningSpeed), 점프력(verticalLeap)의 속성을 가지게 하였고 드리블(dribble()), 패스(pass()), 리바운드(rebound()), 슛(shoot())의 오퍼레이션을 가지고 있다. Guard, Forward, Center클래스는 Player클래스로부터 상속을 받은 후에 각자 나름대로의 속성과 오퍼레이션을 추가한 상태이다. Guard는 공격 운영(runOffence()), 볼수급(bringBallUpcourt())의 오퍼레이션을 가지고 있다. Center는 슬램덩크(slamDuck())라는 오퍼레이션을 가지고 있다. 감독이 알려준 각 선수들의 포지션별 상대적인 신장 차이를 알고 있는 분석가는 각 포지션마다 산장에 제한을 두기도 한다.

아래의 그림은 일반화가 진행된 선수들의 클래스를 나타낸다.

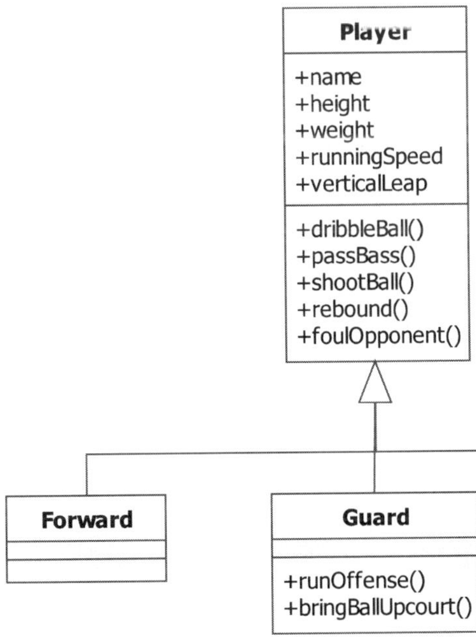

농구게임 모델에서 Player와 Clock은 나중에 등장할 중요한 서브 클래스들에 의해 상속된다. 왜 이들 서브 클래스들을 중요하다고 했을까? 인스턴스를 생성하게 되는 것은 결국 이들 클래스이기 때문이다. 사실 인스턴스를 만들기 위해 사용하는 클래스는 Guard, Forward, Center, GameClock, ShotClock이다. Player와 Clock은 모델상에서 구체적인 인스턴스를 만들기 위해 고안해 낸 클래스는 아니다. Player에서 만든 객체는 아무런 목적이 없기 때문에 쓸모가 없다. Player와 Clock같은 클래스는 추상클래스라고 한다. StarUML에서 추상 클래스는 클래스 명을 이탤릭체로 표기한다.
이와 같은 표기법을 이용하여 산업체가 개발 예정인 프로젝트이거나, 개발 중, 혹은 보유 중인 프로젝트결과물에 대하여 문서화를 시도한다.

유스케이스(Use Case) 모델링

클래스는 정적 뷰를 제공하는 다이어그램이었다. 정적 뷰는 시스템 분석가가 의뢰인과 의견을 나눌 때 도움을 준다. 동적 뷰는 시스템 분석가가 개발팀과 의견을 나눌 때, 프로그램을 개발할 때 큰 도움을 준다.
시스템 개발에 참여하는 큰 부류는 의뢰인과 개발팀이다. 하지만, 간과해서는 안될 중요한 포인트는 사용자(User)이다. 시스템의 동작 원리를 사용자 시점에서 보여줄 수 있는 수단은 정적, 동적 뷰가 아니다. 사용자의 시점을 빨리 이해해야만 쓸모있고(useful), 쓸 수 있는(usable) 시스템을 만들 수 있다. 즉, 의뢰인의 요구에 맞으면서 사용하기 쉬운 시스템을 만들어야 한다.

사용자의 시점에서 시스템을 모델링한다는 것, 이것이 바로 유스케이스의 역할이다. 시스템 개발의 분석 단계에 있어서 "요구사항을 알아내는 과정"이 빠지면 시스템 개발은 하나마나 라고 해도 좋다. 사용자가 어떻게 시스템을 사용하느냐에 관한 정보는 시스템 설계와 구축 과정에 바로 반영되어야하기 때문이다. 유스케이스는 쉽게 생각하면 시스템 사용에 대한 시나리오의 집합으로 볼 수 있다. 각 시나리오에는 발생되는 이벤트의 시퀀스가 나타나 있다. 각 이벤트의 시퀀스는 사람, 다른 시스템, 하드웨어, 혹은 시간의 흐름에 의한 시작이다. 이 때 시퀀스를 시작하게 하는 개체를 행위자(actor)라고 한다. 이 시퀀스는 해당 행위자 혹은 다른 행위자에게 어떤 의미를 가지는 결과를 제공한다.

행위자(actor)는 유스케이스를 시작시키고 유스케이스를 구성하는 진행단계가 끝나면 그 결과를 받는다.(결과를 받는 행위자는 유스케이스를 시작시킨 행위자가 아니어도 된다). 이것을 그림으로 나타내면 상당히 단순하다. 타원으로 유스케이스를 나타내며, 막대 인간으로 행위자를 나타낸다. 유스케이스를 시작시킨 행위자는 유스케이스의 왼쪽에, 결과를 받는 행위자는 유스케이스의 오른쪽에 둔다. 행위자의 이름은 막대 인간의 아래에 쓴다. 유스케이스의 이름은 타원의 안쪽 또는 아래에다가 쓴다. 행위자와 유스케이스 사이는 선으로 연결하여 "행위자와 유스케이스가 서로 통해 있다"는 것을 알려준다. 선은 연관관계를 가진 클래스 사이를 연결하는 선처럼 실선이다.

유스케이스 분석을 하면 얻을 수 있는 이익 중 하나는 시스템과 외부 세계와의 경계를 효과적으로 보여줄 수 있다는 점이다. 이 때 시스템과 외부 세계의 경계는 사각형을 그려서 구분하며, 이 사각형은 시스템의 유스케이스를 둘러싸는 상태로 만든다. 행위자와 유스케이스, 그리고 연결선은 한데 모여서 유스케이스 모델을 구성한다.

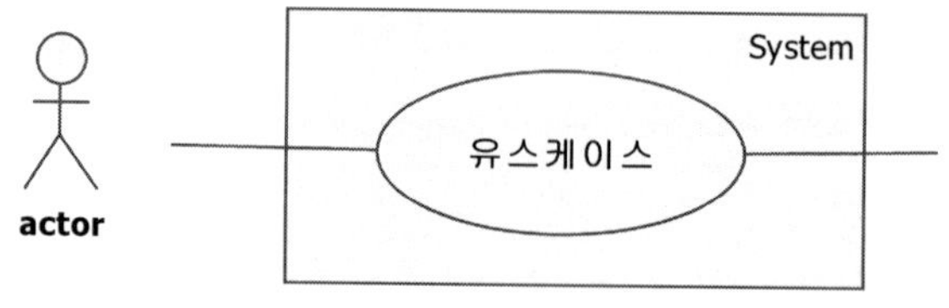

음료수 자동판매기를 예로 들어보면, 음료수를 원하는 소비자와 음료수 보충요원, 수금원이 행위자가 되고, 유스케이스로는 음료수사기, 음료수보충, 수금하기가 된다.

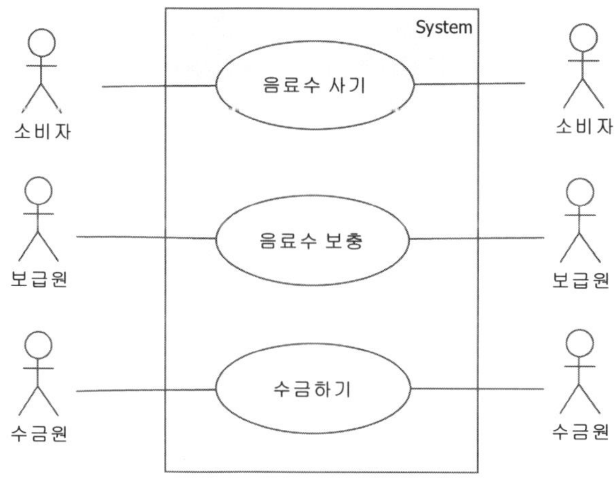

음료수를 보충하는 요원은 음료수 보충을 할 때마다 자동판매기를 열고 시건장치를 해제한 다음에 음료수를 보충하고 (경우에 따라 판매가 잘 되지 않는 음료수를 판매가 잘되는 음료수로 그 종류를 바꿀 수 있다.) 시건창지를 작동시킨 다음 자동판매기를 닫는다. 수금원도 마찬가지로 문을 열고 시건창치를 해제한 다음에 수금을 행한다. 경우에 따라 거스름돈을 보충하고 시건창치를 작동시킨 다음 문을 닫게 된다. 그러한 일련의 과정들을 또 하나의 유스케이스로 만들고 표현할 수 있다.

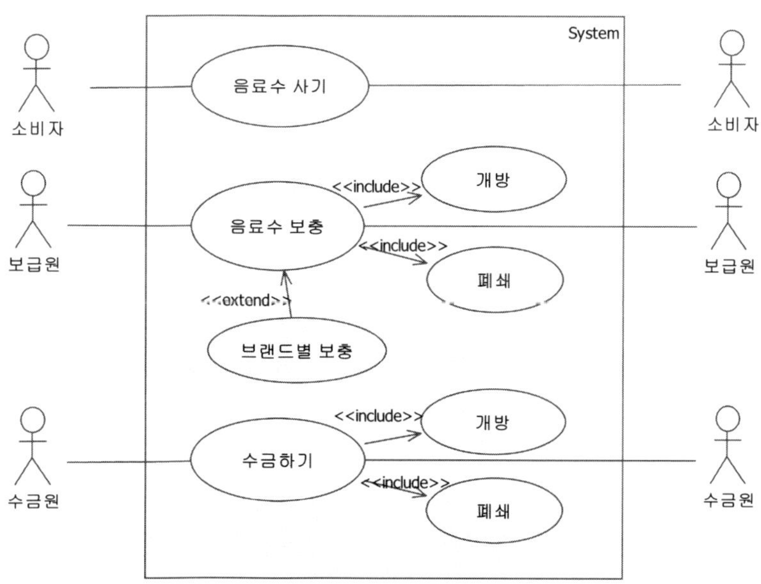

산업체의 프로젝트를 대상으로 유스케이스 다이어그램을 직접 그려 보도록 한다.

유스케이스 다이어그램

프로젝트명			
작성일시		작성자	
검수자			

양시번호 HS-323s

시퀀스 다이어그램(Sequence Diagram) 모델링

시퀀스 다이어그램은 객체(사각형으로 나타내며, 이름에 밑줄이 들어가 있는), 실선 화살표로 그려지는 메시지 그리고 수식 진행 상황을 나타내는 시간으로 구성되어 있다. 시간은 가장 윗부분에서 아래로 흐르기 시작한다. 객체 사각형과 간격이 더 가까운 메시지일수록 그보다 아래에 있는 메시지보다 더 먼저 전송된 것이라고 생각하면 무리가 없다.
음료수 자동판매기를 다시 생각해 본다. 자동판매기 내부를 간단하게 세 개의 컴포넌트인 프론트(Front), 금전등록기(Register), 디스펜서(Dispenser)로 생각한다. 음료수 자동판매기의 내부를 잘 아는 전문가들은 물론 뭐가 세 개 밖에 안되냐며 따지고 들겠지만, 단지 예제만을 위한 것이니 그냥 넘어가도록 한다.

- 프론트가 하는 일
  - 음료수 선택을 받아들이고 돈을 받는다.
  - 소다 없음 또는 돈이 맞지 않음 같은 문구를 보여준다.
  - 금전 등록기에서 잔돈을 받아 고색이 사용 가능하도록 한다.
  - 돈을 돌려준다.
  - 디스펜서로부터 소다 캔을 받아 고객에게 준다.
- 금전 등록기가 하는 일
  - 프론트로부터 고객의 입력(음료 선택과 돈)을 전달 받는다.
  - 현금 잔고를 업데이트 한다.
  - 잔돈을 체크한다.
- 디스펜서가 하는 일
  - 선택된 음료가 이용가능한지 체크한다.
  - 소다 캔을 방출한다.

음료수 자동 판매기에서 이 세 개의 컴포넌트가 잡합연관 관계라고 가정하자. 음료수 자동 판매기 객체는 다음과 같은 Has-a 관계로 나타낼 수 있게 된다.

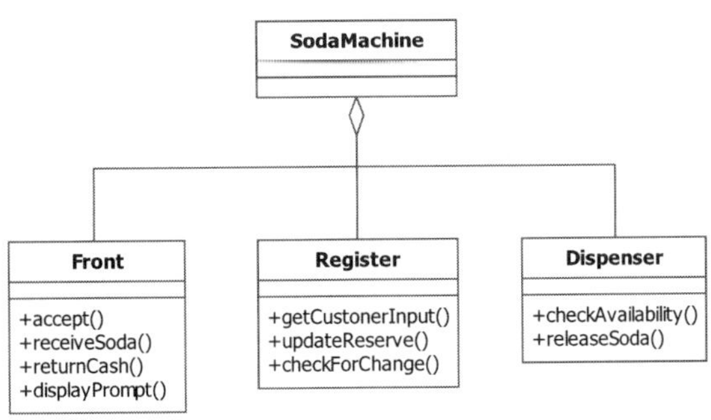

"음료수 구매" 유스케이스의 최고로 간단한 시나리오를 모델링해 보자. 고객이 정확하게 액수가 맞는 잔돈을 넣었고, 고객이 선택한 것은 이용가능한 음료수이다. 그 순서는 다음과 같다.

- 고객이 자동 판매기의 프론트에 있는 동전 투입구에 돈을 넣고 음료를 선택한다.
- 돈이 금전 등록기로 전달되어 스스로 업데이트한다.
- 지금 이것은 최고의 시나리오이기 때문에 선택한 음료는 이용 가능한 것이며, 디스펜서는 이 음료를 자동 판매기의 프론트로 방출한다. 이 다이어그램은 단지 유스케이스의 한 시나리오일 뿐이다.

위의 시나리오를 대상으로 시퀀스 다이어그램을 그리면 아래와 같게 된다.

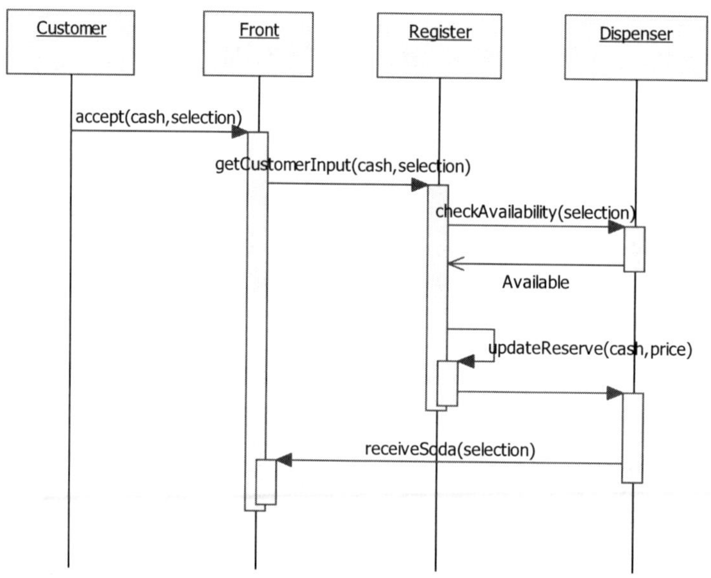

다른 시나리오로써 고객이 선택한 음료가 다 팔렸을 수도 있다. 고객이 정확하게 액수가 맞는 돈을 넣지 않았을 수도 있다. 또, 고객이 지폐를 넣었고 자동판매기가 잔돈이 떨어진 경우도 있을 수 있다.
이제 산업체 진행의 프로젝트 중에서 유스케이스에 대하여 실제로 시퀀스 다이어그램을 그려본다. 우선 손으로 그려보고 StarUML을 사용하여 작성해야 한다.

<table>
<tr><td colspan="4">시퀀스 다이어그램</td></tr>
<tr><td>프로젝트명</td><td colspan="3"></td></tr>
<tr><td>작성일시</td><td></td><td>작성자</td><td></td></tr>
<tr><td colspan="4"></td></tr>
<tr><td>검수자</td><td colspan="3"></td></tr>
</table>

양식번호 HS-324s

(2) 자기계발 측면에서 기술자 레벨 업무 내용과 관련 서식

자기 개발을 위해 문서화 도구 학습이 필요하다. 산학협력 부분과 연결되도록 현장에서 사용하는 문서화 도구를 숙지하도록 한다. 아래의 모델링 기법은 산업체에 도움이 되는 국제표준 UML형식을 따르고 있으며, 무료로 제공되는 StarUML을 사용하였다. 이번 기회에 StarUML의 사용방법을 숙지하여 해당 산업체에 문서화 수준을 높여주도록 한다.
전반기에는 11가지 모델링 방법 중에 3가지를 중심으로 그 활용법을 익히고, 후반기에 나머지 중요 모델링을 위한 다이어그램 작성법에 대해 활용법을 익히도록 한다.

UseCase Diagram 모델링하기

- 유스케이스 다이어그램에서 편집할 수 있는 요소들 리스트
  - Actor
  - UseCase
  - Association
  - Derected Association
  - Generalization
  - Dependency
  - Include
  - Extend
  - System Boundary
  - Package

- SrarUML에서 각 요소 편집하기
  - **Actor**

    액터(Actor)는 일반적으로 시스템 외부에 존재하면서 시스템과 상호작용하는 개체임. 액터는 사람이거나 기계 혹은 소프트웨어 등이 될 수 있음.

Actor를 생성하려면, Toolbox>UseCase의 Actor 버튼을 클릭하고 Main 윈도우 창에서 Actor가 위치할 곳을 클릭. Actor는 Stick Man 형태로 표현되지만, 사각형 모양에 오른쪽 상단에 아이콘이 포함된 Decoration View 형태로 사용되기도 함. Actor를 Decoration View 형태로 보여지도록 하기 위해서는 [Format] -> [Stereotype Display] -> [Decoration] 메뉴 아이템을 선택하거나 툴바의 버튼에서 [] 콤보 버튼의 [Decoration] 항목을 선택.

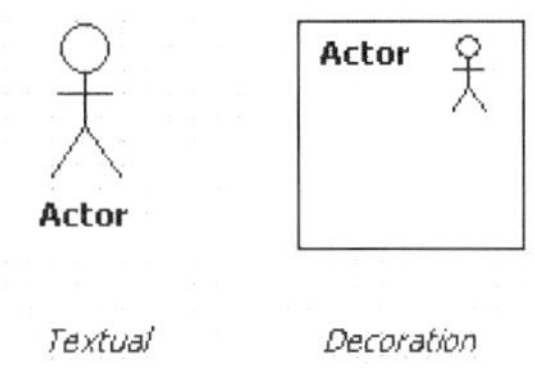

Actor가 사용하는 여러 개의 UseCase를 한꺼번에 만들려면 Actor의 단축 생성 구문을 사용함.

1. Actor를 더블 클릭해서 퀵다이얼로그가 나타나면, 퀵다이얼로그에서 "-()" 문자열 다음에 생성하려는 UseCase의 이름을 입력. 각 UseCase 이름은 "," 문자로 구분해서 입력.

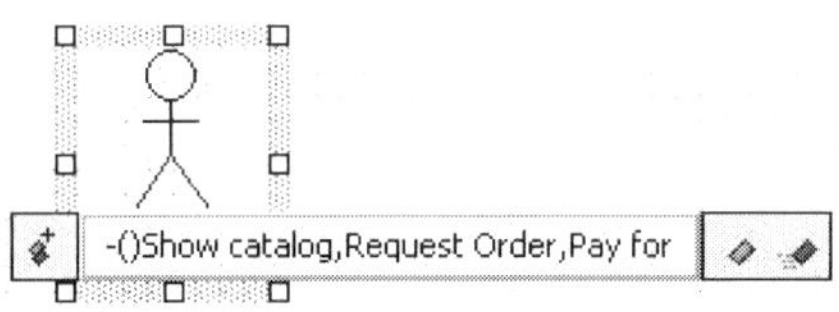

2. 그리고 [Enter]키를 누르면 Actor와 연관 관계를 가지는 여러 개의 UseCase가 수직으로 자동 배열되어 생성

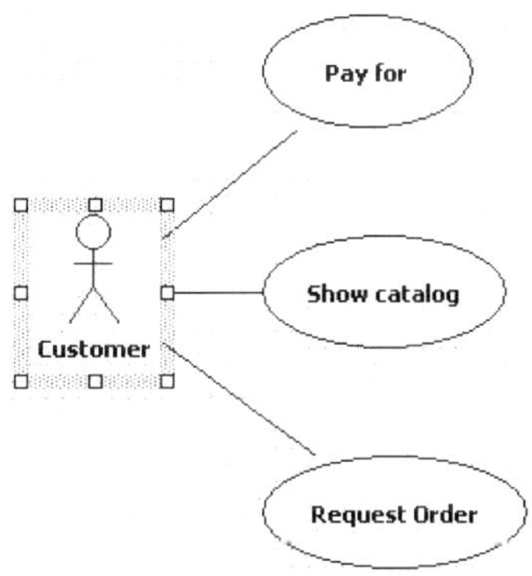

– UseCase

유스케이스(UseCase)는 시스템의 행위(behavior)를 정의하기 위해 사용하는 요소임. 일반적으로 유스케이스는 액터와 상호작용함.

UseCase를 생성하려면, [Toolbox] -> [UseCase] -> [UseCase] 버튼을 클릭하고 Main 윈도우 창에서 UseCase가 위치할 곳을 클릭함. UseCase는 Textual, Decoration, Iconic의 세 가지 형태로 표현 가능. [Format] -> [Stereotype Display]

의 하부 메뉴 아이템을 선택하거나 [] 버튼의 아이템을 선택하면, UseCase의 스타일을 변경할 수 있음.

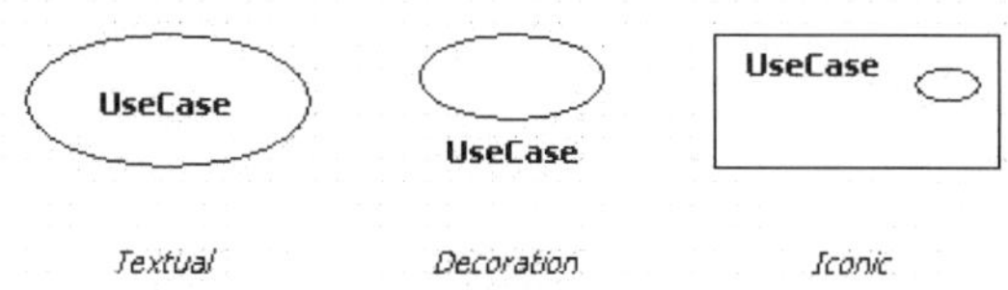

Extension 추가하는 방법:

확장점은 유스케이스에서 확장되어지는 하나 또는 여러 개의 위치를 참조함.

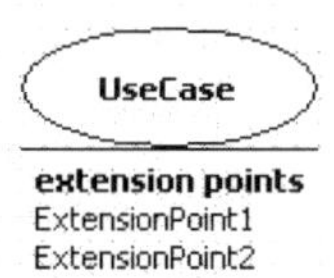

UseCase로부터 Actor 생성하는 방법:

현재 선택된 UseCase와 연관 관계를 가지는 Actor 여러 개를 한꺼번에 만들려면 UseCase의 단축 생성 구문을 사용함.

1. UseCase를 더블 클릭하거나 UseCase를 선택하고 [Enter]키를 누름. Quick Dialog가 나타나면, Quick Dialog에서 "()-" 문자열 다음에 연관된 Actor의 이름을 입력함. 각 Actor 이름은 "," 문자로 구분해서 입력함.

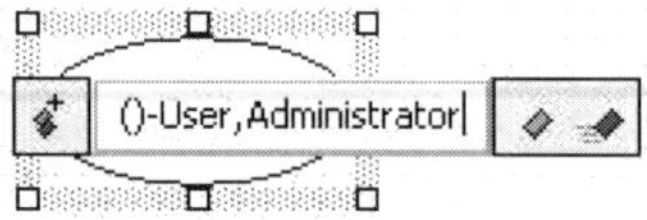

2. 그리고 [Enter]키를 누르면 UseCase와 연관 관계를 가지는 Actor들이 생성됨.

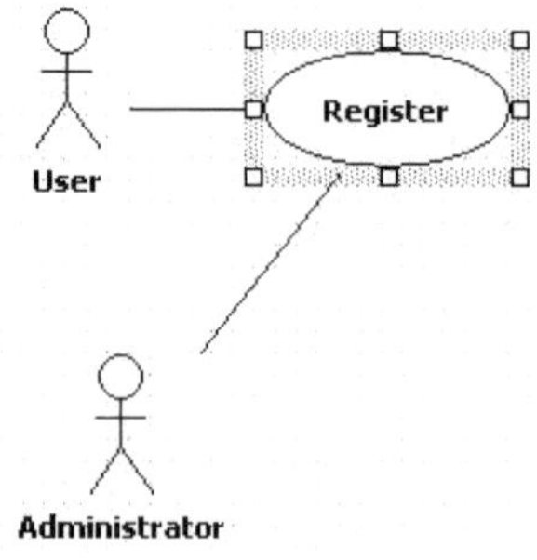

– Association / Derected Association

연관(Association)은 클래스류(Class, Interface, Enumeration, Signal, Excoption, Component, Node, UseCase, Actor) 사이의 의미적 관계를 정의함.

Association 생성하는 방법:

Association을 생성하려면, [Toolbox] -> [UseCase] -> [Association] 버튼을 클릭하고 Main 윈도우 창에서 연결하려는 첫 번째 요소에서 두 번째 요소로 마우스를 누르고 드래그하면 됨.

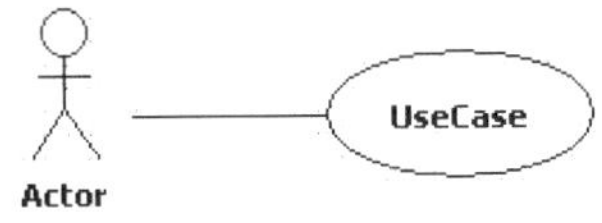

DirectedAssocitaion 생성하는 방법:

Association 생성방법과 동일하며, 두 요소간 마우스 드래그를 화살표 방향으로 함.

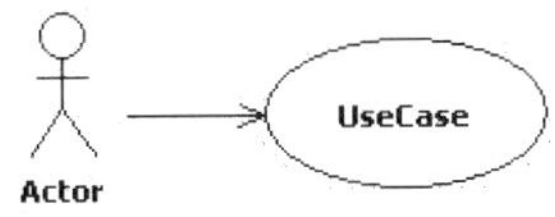

요소로부터 Assocation/Directed Association 관계의 요소 생성하는 방법:

현재 선택된 요소로부터 Assocation/DirectedAssociation 관계를 갖는 요소를 만들려면 요소의 단축 생성 구문을 사용함.

1. 요소를 더블 클릭해서 Quick Dialog가 나타나면, Quick Dialog에서 "--" 또는 "->" 문자열 다음에 Association/DirectedAssociation 관계를 갖는 다른 요소의 이름을 입력. 여러 개의 요소와 관계를 맺기 위해서는 각 요소 이름은 "," 문자로 구분해서 입력.

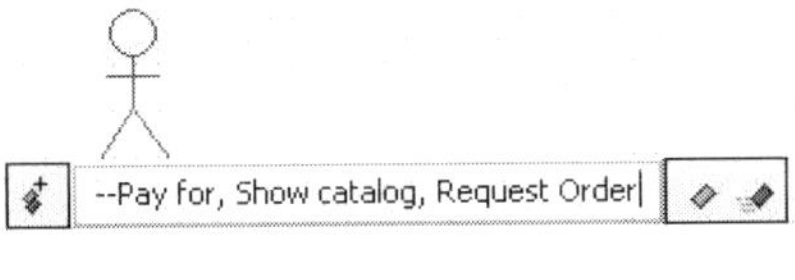

2. 그리고 [Enter]키를 누르면 선택된 요소와 Association/DirectedAssociation 연관 관계를 가지는 여러 요소들이 생성되고 자동 배열되어 생성됨.

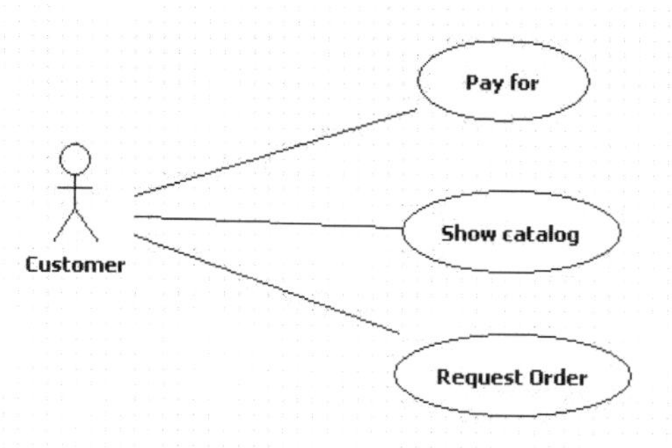

- Generalization

일반화(Generalization)는 더 일반적인 요소와 더 구체적인 요소를 연결하는 관계임.

Actor를 상속하는 여러 개의 자식 Actor 생성하는 방법:
특정 요소를 상속하는 하위 요소가 여러 개일 경우에 Quick Dialog의 단축 생성 구문에서 다음과 같이 입력하면 현재 요소를 상속하는 여러 개의 하위 요소를 한꺼번에 생성.

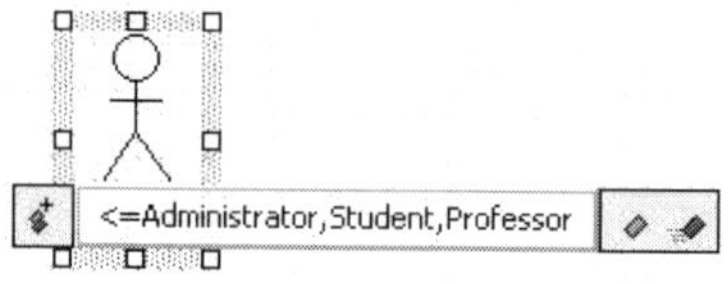

1. 하위 요소들은 선택된 요소의 아래에 생성되면서 정렬됨.

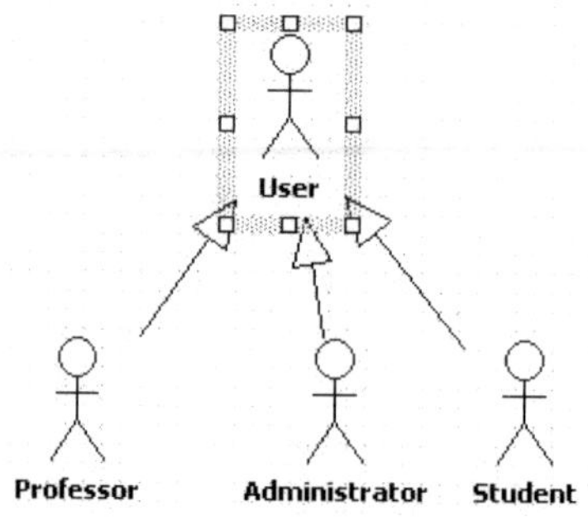

만약 상속할 상위 요소가 여러 개인 경우에는 Quick Dialog의 단축 생성 구문에서 "<=" 대신에 "=>" 문자열을 사용.

- Dependency

의존관계(Dependency)">의존관계(Dependency)는 어떤 요소의 구현이나 기능을 위해 다른 요소의 존재가 요구 되어지는 의존적인 관계를 의미함.

Dependency 생성 방법:

Dependency를 생성하려면, [Toolbox] -> [UseCase] ->[Dependency] 버튼을 클릭하고 Main 윈도우 창에서 요소에서 의존 하는 요소로 마우스를 누르고 드래그하면 됨.

UseCase로부터 의존하는 다른 UseCase 생성하는 방법:

퀵다이어로그의 단축 생성구문을 다음과 같이 입력하면 됨.

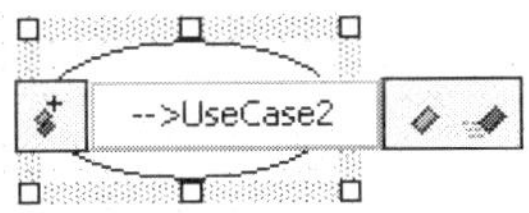

그러면 다음과 같이 두 요소간의 Dependency가 생성됨.

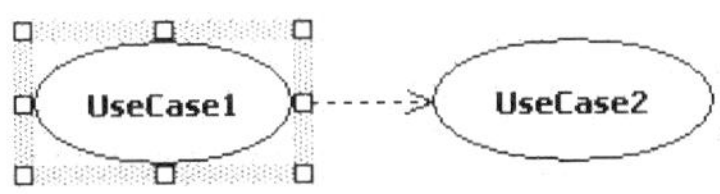

- Include

  포함관계(Include)는 어떤 유스케이스가 특정 유스케이스의 행위를 포함한다는 것을 정의함.

Include 생성 방법:

Include를 생성하려면, [Toolbox] -> [UseCase] -> [Include] 버튼을 클릭하고 Main 윈도우 창에서 요소에서 포함할 요소로 마우스를 누르고 드래그하면 됨.

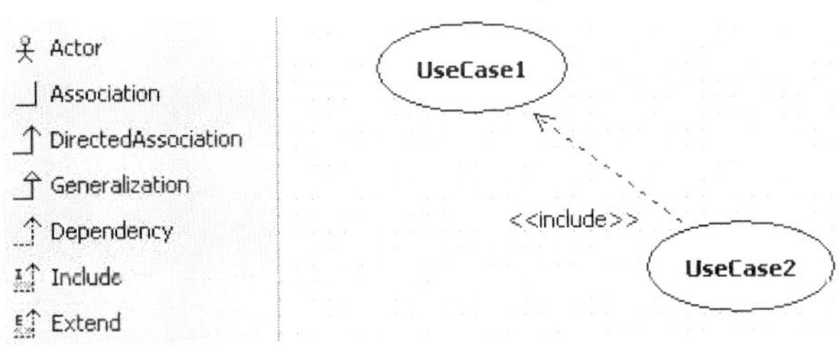

UseCase로부터 Include 관계의 다른 UseCase 생성하는 방법:

퀵다이어로그의 단축 생성구문을 다음과 같이 입력하면 됨.

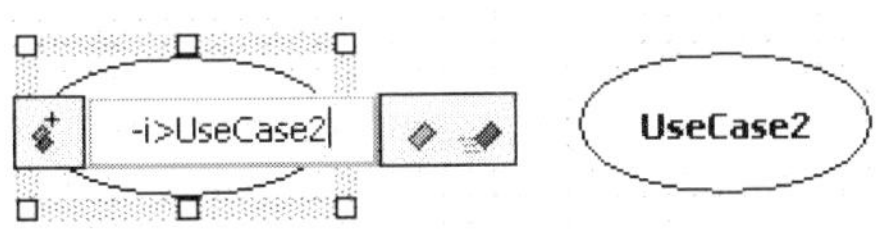

그러면 다음과 같이 두 요소간의 Include가 생성됨.

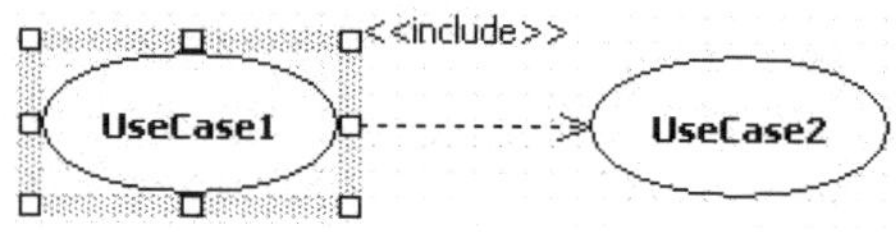

– Extend

확장관계(Extend)">확장관계(Extend)는 어떤 유스케이스가 특정 유스케이스에 정의된 행위로 추가 확장될 수 있다는 것을 냄.

Extend 생성 방법:

Extend를 생성하려면, [Toolbox] -> [UseCase] -> [Extend] 버튼을 클릭하고 Main 윈도우 창에서 요소에서 확장할 요소로 마우스를 누르고 드래그하면 됨.

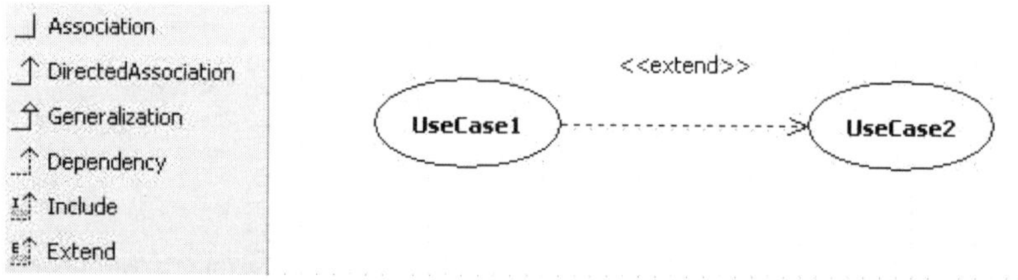

UseCase로부터 Extend 관계의 다른 UseCase 생성하는 방법:

퀵다이어로그의 단축 생성구문을 다음과 같이 입력하면 됨.

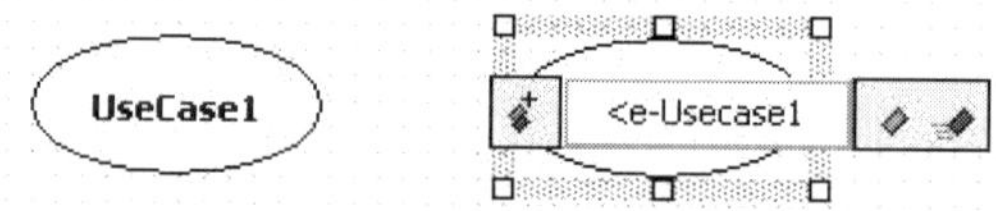

그러면 다음과 같이 두 요소간의 Extend가 생성됨.

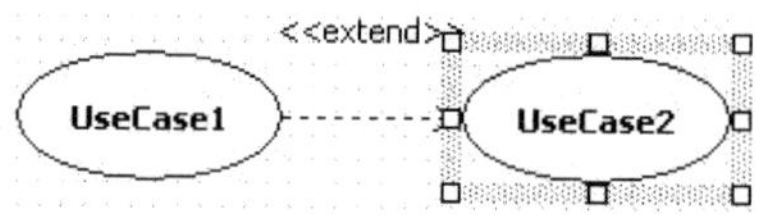

– System Boundary

System Boundary를 생성하는 방법:

System Boundary를 생성하려면, [Toolbox] -> [UseCase] -> [System Boundary]의 System Boundary 버튼을 클릭하고 Main 윈도우 창에서 System Boundary가 삽입될 위치에 마우스를 클릭하고 생성될 크기 만큼을 드래그함.

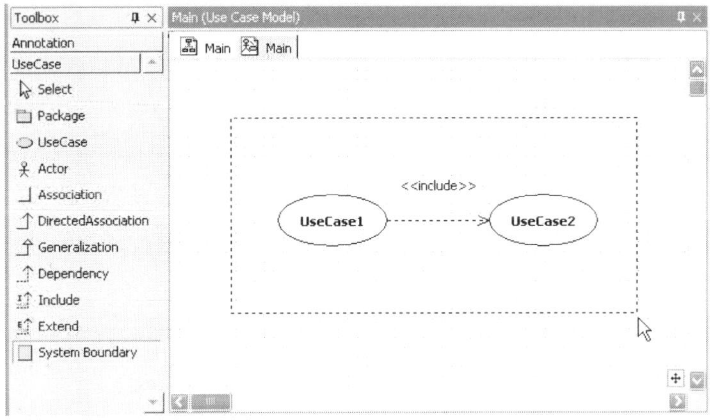

Class Diagram 모델링하기

- 클래스 다이어그램에서 편집할 수 있는 중요 요소들 리스트
  - Package
  - Class
  - Interface
  - Exception
  - Association
  - Aggregation
  - Composition
  - Dependency
  - Realization
  - AssociationClass
  - Connector
  - Object
  - Link

SrarUML에서 각 요소 편집하기

- Class

  클래스(Class)는 객체의 구조과 행위를 묘사하는 속성(Attribute)과 연산(Operation)의 집합을 선언하는 요소임. 그리고 클래스는 템플릿 파라미터(Template Parameter)를 가질 수 있음.

Class를 생성하려면:

1. [Toolbox] -> [Class] -> [Class] 버튼을 클릭하고

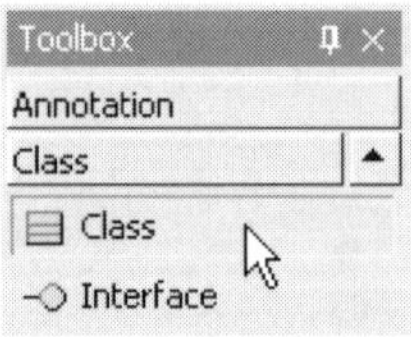

2. Main 윈도우 창에서 Class가 위치할 곳을 클릭.

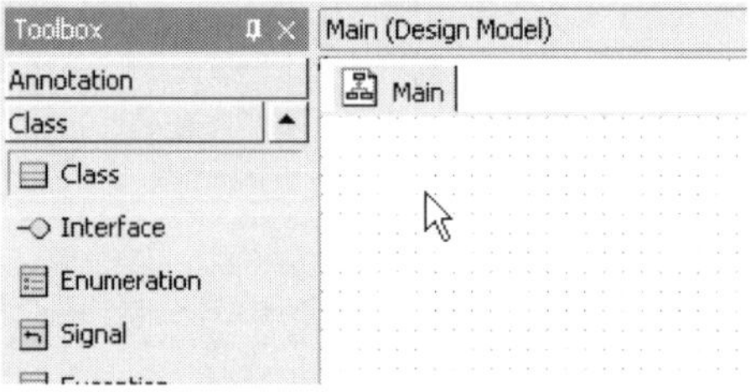

3. 새로운 class가 다이어그램상에 생성되고, 퀵다이얼로그가 나타남.

4. 퀵다이얼로그에서 class의 이름을 입력하고 [Enter] 키를 누름.

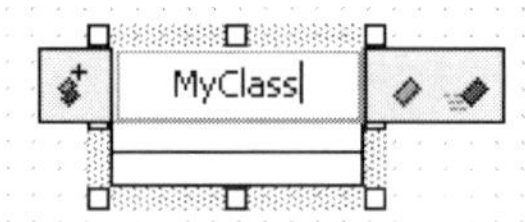

Attribute 추가하는 방법:

1. class를 더블클릭.

2. [Add Attribute] 버튼을 누름.

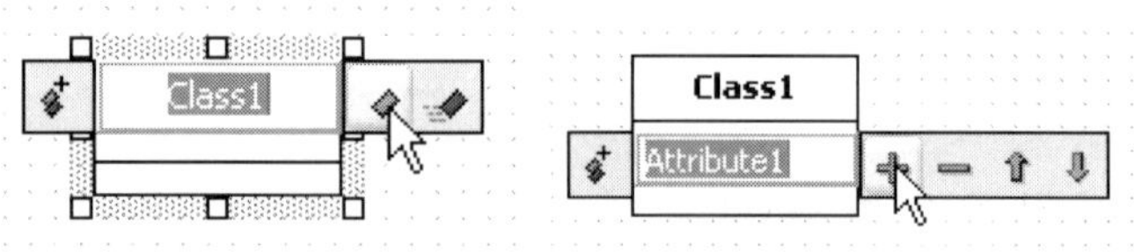

Attribute 추가하는 방법:

1. class를 더블클릭하면 퀵다이얼로그가 나타남.

2. 퀵다이얼로그에서 [Add Operation] 버튼을 누르면 operation이 추가됨.

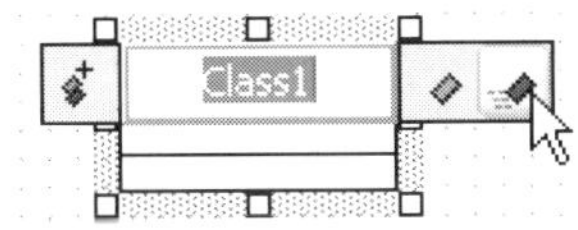

Class 또는 Model Explorer의 팝업 메뉴 이용하는 경우에는 Main 윈도우 또는 Model Explorer에서 Class를 선택하고 오른쪽 마우스 버튼을 눌러서 [Add] -> [Operation] 팝업 메뉴를 선택하여 Operation를 입력할 수 있음.

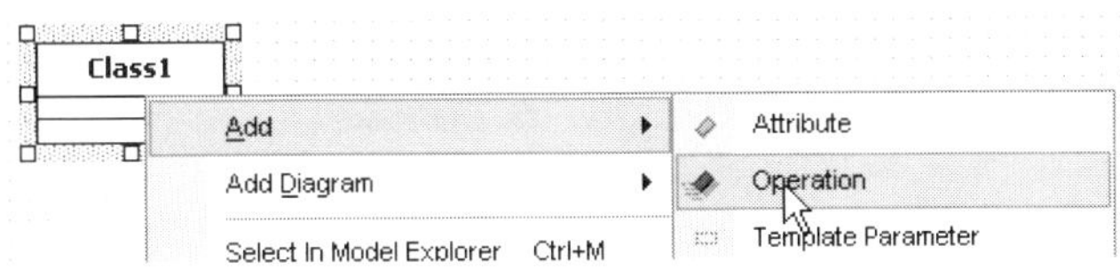

- Interface

인터페이스(Interface)는 클래스에 의해 제공되는 서비스를 구성하는 연산들을 포함하는 요소임. 또한 연산들을 효과적인 그룹으로 나누고 그것들을 특징지을 수 있는 방법을 제공하며, 인터페이스에서부터 객체가 생성될 수 없음.

Interface를 생성하려면:

1. [Toolbox] -> [Class] -> [Interface] 버튼을 클릭하고

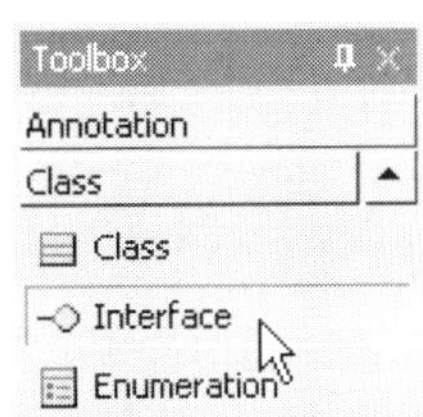

2. Main 윈도우 창에서 Interface가 위치할 곳을 클릭하면 퀵다이얼로그가 나타남.

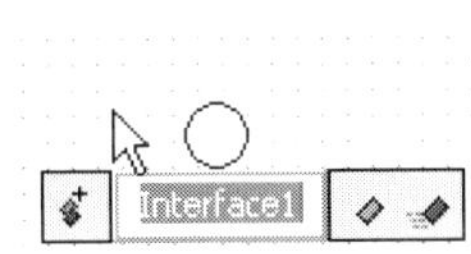

3. 퀵다이얼로그에서 interface의 이름을 입력하고 [Enter] 키를 누르면 다음과 같이 interface가 생성됨.

– Exception

예외(Exception)는 실행 오류시에 연산(Operation)에 의해 발생하는 시그널(Signal)임

Exception 생성 방법:

1. [Toolbox] -〉 [Class] -〉 [Exception] 버튼을 클릭하고

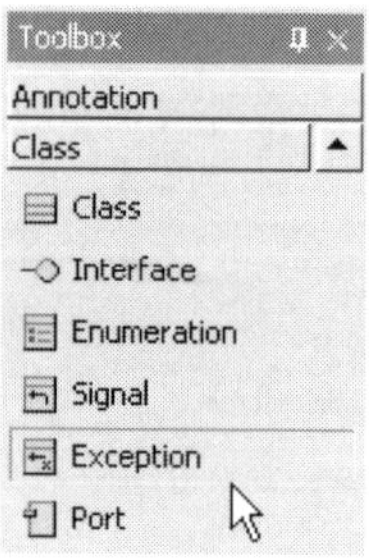

2. Main 윈도우 창에서 Exception이 위치할 곳을 클릭함.

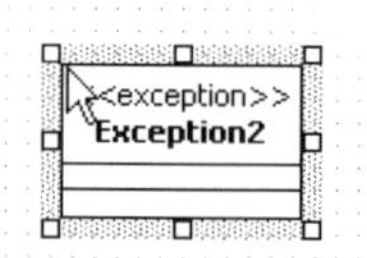

– Association

연관(Association)은 클래스류(Class, Interface, Enumeration, Signal, Exception, Component, Node, UseCase, Actor) 사이의 의미적 관계를 정의. 현재의 연관-끝(AssociationEnd) 방향의 포함관계를 의미. (- NONE: 집합이 아님을 나타냄, - AGGREGATE: 집합을 나타냄, - COMPOSITE: 합성을 나타냄)

Association 생성 방법:

1. [Toolbox] -〉 [Class] -〉 [Association] 버튼을 클릭하고

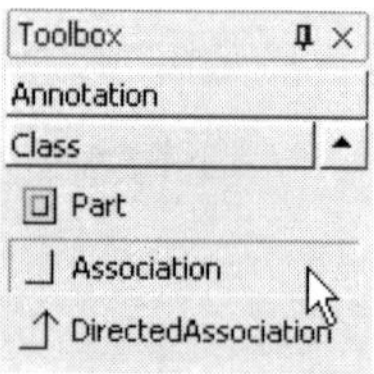

2. Main 윈도우 창에서 요소에서 연관할 요소로 마우스를 누르고 드래그함.

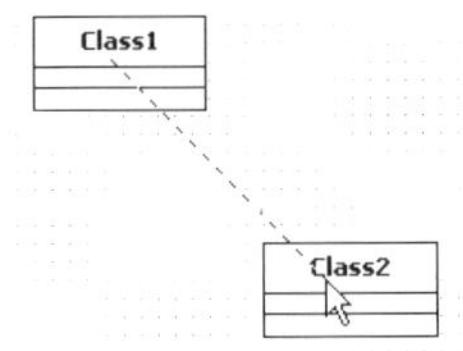

3. 두개의 class사이에 새로운 association이 다음과 같이 생성됨.

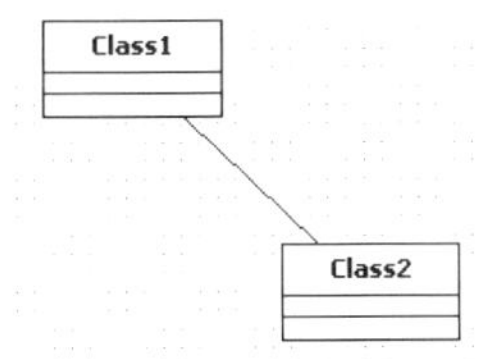

- Aggregation

현재 선택된 Class로부터 Aggregated 관계를 갖는 Class를 만들려면 단축 생성 구문을 사용.

1. Class를 더블 클릭해서 Quick Dialog가 나타나면, Quick Dialog에서 "◇-" 문자열 다음에 Aggregated 관계를 갖는 다른 Class의 이름을 입력함. 여러 개의 요소와 관계를 맺기 위해서는 각 Class 이름은 "," 문자로 구분해서 입력함.

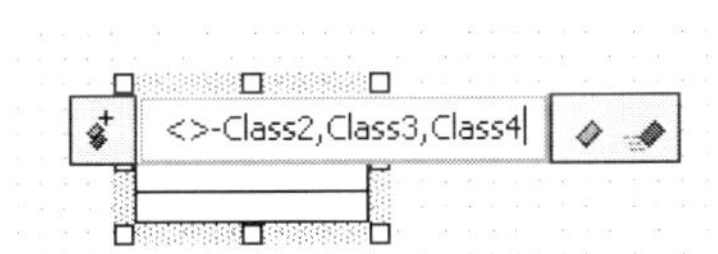

2. 그리고 [Enter]키를 누르면 선택된 Class와 Aggregation 관계를 가지는 여러 Class들이 생성되고 자동 배열되어 생성됨.

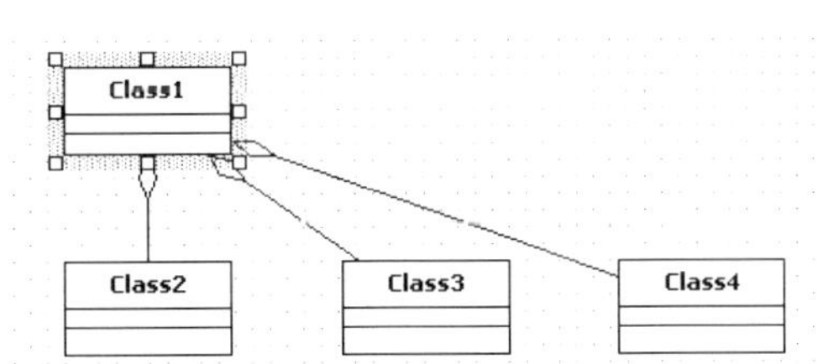

- Generalization

일반화(Generalization)는 더 일반적인 요소와 더 구체적인 요소를 연결하는 분류학적 관계.

<u>Generalization 생성 방법:</u>

1. [Toolbox] -> [Class] -> [Generalization] 버튼을 클릭하고

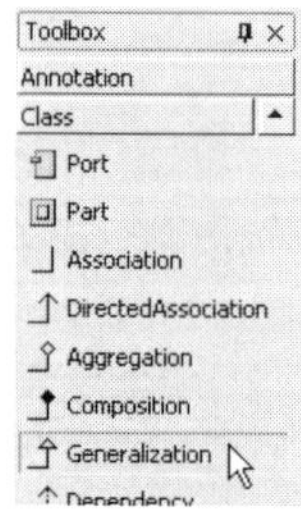

2. Main 윈도우 창에서 자식 요소에서 부모 요소로 마우스를 누르고 드래그.

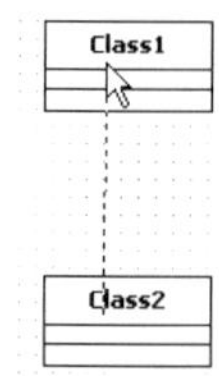

3. 그러면 새로운 generalization이 다음과 같이 생성되어짐.

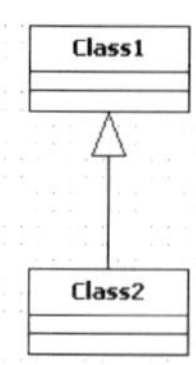

<u>Class를 상속하는 여러개의 자식 Class 생성 방법:</u>

1. class를 더블클릭해서 퀵다이얼로그가 나타나면 다음과 같이 "<=" 문자열 다음에 하위 class 이름을 입력. 각 class들은 ","로 구분함.

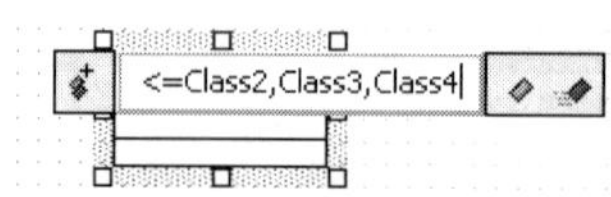

2. 자식 class들이 선택된 class 아래에 생성되고 정렬됨.

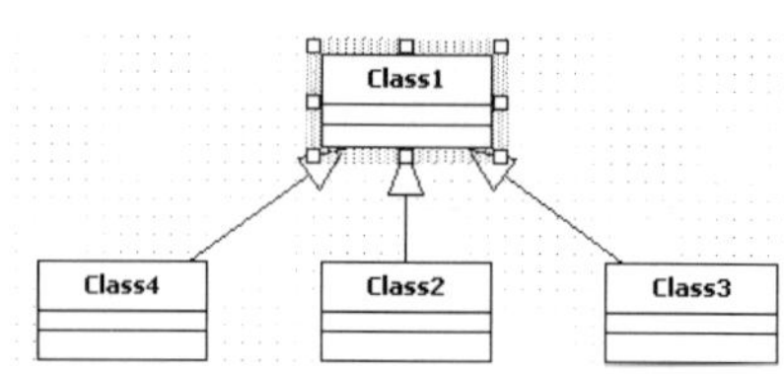

Sequence Diagram 모델링하기

- Sequence Diagram에서 편집할 수 있는 요소는 다음과 같다.
  - Object
  - Stumulus
  - SelfStimulus
  - Combined Fragment
  - Interaction Operand
  - FrameSubsystem

SrarUML에서 각 요소 편집하기.

- Object

  Object를 생성하려면,

  1. [Toolbox] -> [Sequence] -> [Object] 버튼을 클릭하고

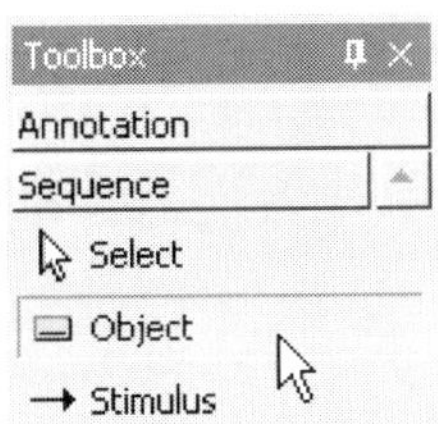

  2. Main 윈도우 창에서 Object가 위치할 곳을 클릭.
  3. 퀵다이얼로그에 object의 이름을 입력.

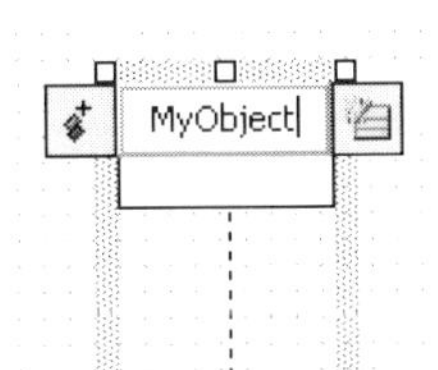

  4. 그리고 [Enter] 키를 누름.

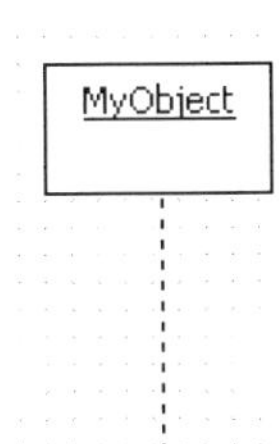

– **Stimulus**

Stimulus(자극)은 두 인스턴스 간의 커뮤니케이션을 나타냄. stimulus를 생성하려면,

1. [Toolbox] –> [Sequence] –> [Stimulus] 버튼을 클릭하고

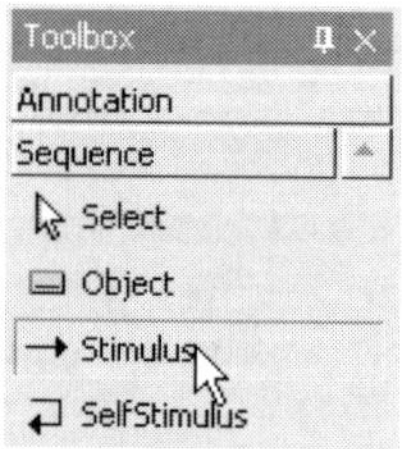

2. Main 윈도우창에서 자극을 주는 방향으로 Object(또는 Lifeline)에서 다른 Object(또는 Lifeline)로 마우스를 누르고 드래그.

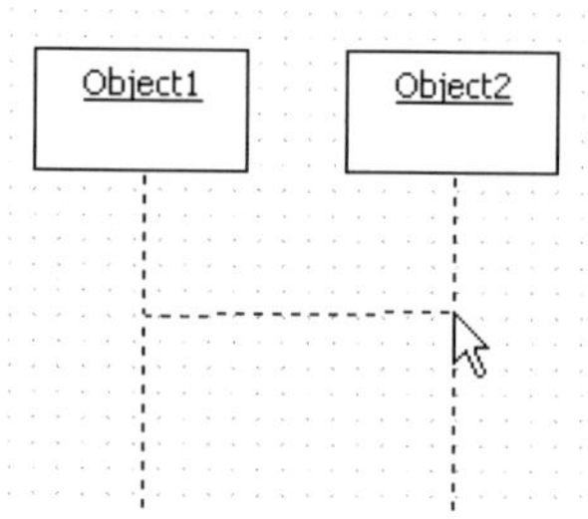

3. Stimulus의 퀵다이얼로그가 나타나면 stimulus의 이름을 입력하고 [Enter] 키를 누름.

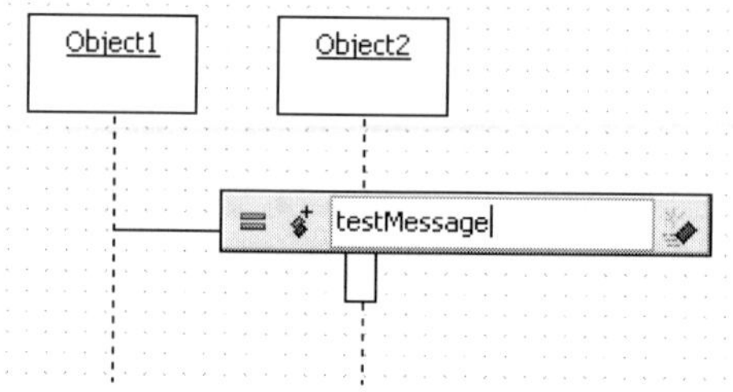

4. 그러면 다음과 같이 stimulus가 생성.

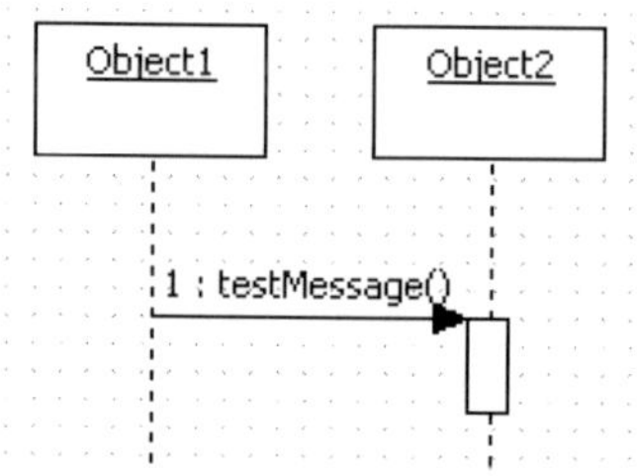

- SelfStimulus

SelfStimulus를 생성하려면,

1. [Toolbox] -> [Sequence] -> [SelfStimulus] 버튼을 클릭하고

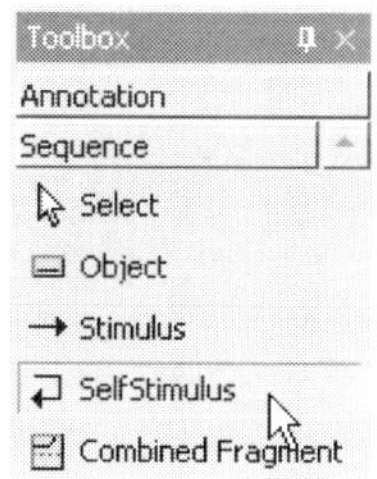

2. Main 윈도우창에서 SelfStimulus를 삽입할 Object(또는 Lifeline)에서 마우스를 클릭

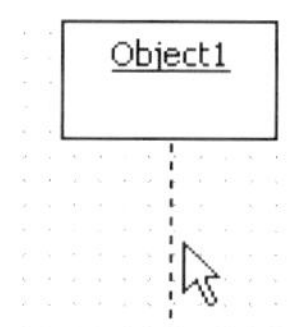

3. Object의 퀵다이얼로그가 나타나면 stimulus의 이름을 입력하고 [Enter] 키를 누름.

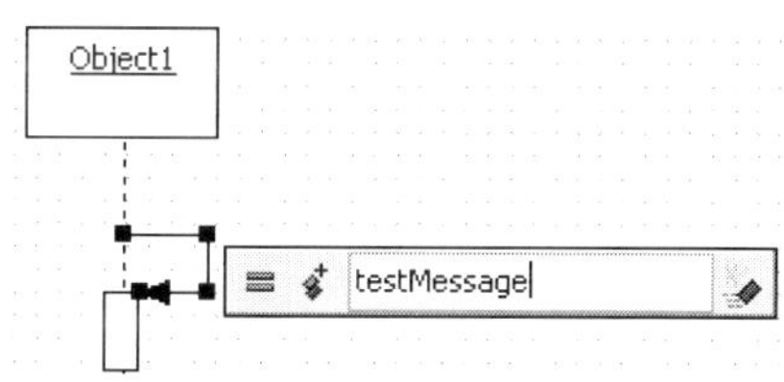

4. 다음과 같이 self-stimulus가 보여짐.

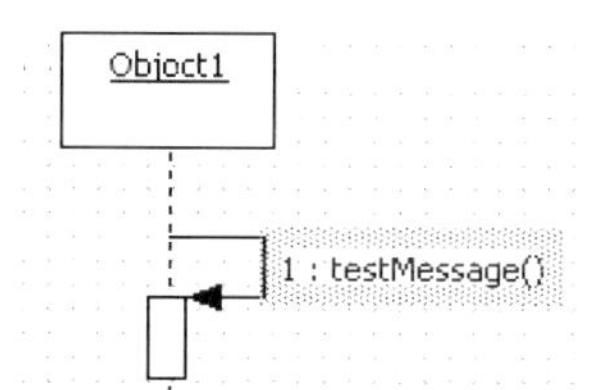

유스케이스 다이어그램, 클래스 다이어그램, 시퀀스 다이어그램을 그려보면서 UML에 대한 전반적인 지식을 넓힌다. 여력이 있을 경우, 상태 다이어그램, 활동 다이어그램, 통신다이어그램, 배포다이어그램 등에 대해서도 찬찬히 살펴보면 UML을 통한 설계 기법이 한층 더 높아질 것이다.

20일차 (최종평가)

현장실습 마지막 날이다.
지금까지 모든 현장실습 교육과정의 최종 평가를 수행한다.

실습생

- 2차 과제물 평가 발표
- 최종 보고서와 발표자료 작성
- 지도교수와 산업체 교육 담당자에게 발표

산업체 교육 담당자

- 2차 과제물 평가
- 최종 평가 보고서 작성
- 지도교수에게 평가 결과 보고

지도교수

- 실습생 현장실습 중간 점검 사항 작성
- 산업체 교육 담당자와 면담

(1) 최종제출물 요약

실습생

실습생은 다음의 실습결과들을 마지막으로 제출한다.

번호	양식번호	내용	비고
1	HS-301s	후반기 현장실습일지	
2	HS-321s	시스템분석 기초자료	
3	HS-322s	클래스 다이어그램	
4	HS-323s	유스케이스 다이어그램	
5	HS-324s	시퀀스 다이어그램	
6	HS-401s	OJT 실습 최종 보고서(교육생)	
7	HS-404s	현장실습 완료 설문조사	
8	자유형식	전체 교육에 대한 발표자료	

산업체 교육 담당자

산업체 교육담당 요원은 제출된 실습과제들을 평가한 후, 마지막으로 OJT 실습 최종 보고서를 작성한다.

번호	양식번호	내용	비고
1	HS-402m	OJT 실습 최종 보고서(산업체)	

지도교수

지도교수는 교육생의 실습과제물과 산업체 교육담당 요원이 작성한 최종 보고서를 확인한 후, 최종 보고서를 작성한다.

번호	양식번호	내용	비고
1	HS-403p	OJT 실습 최종 보고서(교수)	

현장실습 과정에서 제출된 모든 결과물을 확인하고 교육생과 산업체 교육담당자, 교수가 함께하는 최종 발표회와 향후 상호간의 협력과 교류를 위한 간담회를 개최한다.

3.1.5 전문가 교육과정

전문가의 현장실습 전반기 교육 과정이다. 0일차와 1일차는 입문자, 기술자 교육과정과 동일하다.

2-9일차 (전반기)

실습생

- 현장실습일지 작성
- 전문가 현장실습 교육과정 수행
  - 산학협력 측면
  - 자기계발 측면

(1) 산학협력 측면에서 전문가 레벨 업무 내용과 관련 서식

전문가 레벨 교육생 대상의 산업체 보조측면 업무들에 대한 정리를 해본다. 해당업무로는 입문자 레벨의 전화응대, 고객방문응대, 각종 프로그램 테스트 후 버그리스트 작성, 기본적인 문서화 지원 등을 포함하고, 거기에 더하여 기술자 레벨의 UML문서화 지원 분야도 포함된다.

그러나, 주요 업무는 산업체 개발과정에 직접 투입되어 프로젝트의 공기를 단축시키는데 이바지하는 것이다. 이를 위하여 우선 산업체가 개발 중인 프로젝트의 개발 문서를 살펴보아야 한다. 정리가 잘 되어 있다면, 교육생이 투입되어야할 모듈을 지정받았을 때, 바로 개발에 착수할 수 있지만, 그렇지 못할 경우는 프로젝트의 개발문서부터 정리할 필요가 있다. 이는 기술자 레벨에서 다루는 부분이지만 전문가 레벨에서도 무시할 수 없다.

1) 개발 중인 프로젝트에 투입

- 현재 진행 중인 프로젝트의 이해
  - 프로젝트와 관련된 문서 숙독
  - 개발 도메인에 대한 이해
  - 관련된 내용으로 업무 일지 작성

현장실습 일지	HS-301s

- 현재 진행 중인 프로젝트에 일부 모듈 개발에 직접 참여
  - 프로젝트 개발 팀의 일원으로 배치
  - 실무용 소스코드 작성
  - 개발팀과 상호보완 작업진행

2) 테스트 관련 업무

- 개발 중인 프로젝트의 일부 프로그램 테스트 후, 버그와 개선사항에 대한 기록을 남김

프로그램 개선사항리스트	HS-312s

3) 문서화 업무

- 진행 중인 프로젝트 분석
  - 다양한 형태의 문서화 자료를 확인하며, 없을 경우 제작함

프로젝트 분석표	HS-303s
프로그램 분석표	HS-304s
변수명 분석표	HS-305s
데이터베이스 분석표	HS-306s
테이블 명세표	HS-307s
ERD 분석도	HS-308s
입력프로그램 설계	HS-309s
화면 출력프로그램 설계	HS-310s
프린터 출력프로그램 설계	HS-311s

- 객체지향적 문서화 시도
  - 현재 진행 중인 프로젝트의 문서화가 미비할 경우, 혹은 객체지향 문서화가 되어 있지 않을 경우, 프로젝트의 객체지향 문서화에 투입
  - 특별히 사용 중인 문서화 툴이 없다면 StarUML을 산업체에 소개하기 위한 준비를 함
- 객체지향적 문서화를 위한 도구 설치(StarUML)
  - 진행 중인 프로젝트의 StarUML 이용 문서화

시스템분석 기초자료	HS-321s
클래스 다이어그램	HS-322s
유스케이스 다이어그램	HS-323s
시퀀스 다이어그램	HS-324s

- 위의 다이어그램들은 필수이며, 더욱 세밀한 문서화가 필요한 경우 상태 다이어그램, 통신다이어그램, 활동다이어그램, 컴포넌트 다이어그램, 배포 다이어그램 등을 작성하여 프로젝트를 시각화

(2) 자기계발 측면에서 전문가 레벨 업무 내용과 관련 서식

1) 예외처리 확인하기

전문가 레벨은 비교적 소스코드 판독이 원활하게 진행되므로 산업체가 보유 중인 기 개발 소프트웨어의 소스코드를 살펴보면서 자기의 능력을 향상시키도록 한다. 실무 소스코드를 대상으로 책으로 대했거나 혼자서 만들어본 습작과는 다른 면이 무엇인지 비교 파악하여 메모한다. 특히, 실무 소스코드에서는 예기치 못한 다양한 에러의 경우를 대처하

기 위하여 작성해 놓은 예외처리부분을 눈여겨 볼 필요가 있다. 런타임 에러가 일어나지 않도록 견고한 프로그램을 만들기 위한 노력들을 확인하고 리스트를 만들도록 한다.

예외처리 리스트

프로그램 명	
예외처리 상황	**예외처리 결과**

양식번호 HS-341s

2) 문서화 진행

객체지향 문서화에 대한 툴 사용을 익힌다. 어떤 소프트웨어를 개발하더라고 설계 단계에서 꼭 필요한 문서화를 진행하고 산업체에서 사용 중인 툴이나 StarUML 사용방법을 익힌다.

3) 프레임워크 활용

개발 생산성의 향상과 고품질이 보장된 어플리케이션의 개발을 지원해주는 프레임워크에 대해 익힌다. 최근에는 공개소프트웨어인 SSI(Spring, Struts, Ibatis) 프레임 워크가 실무 소프트웨어 개발에 많이 활용되고 있다. 산업체에서도 이미 활용하고 있을 가능성이 많다. 이들 기법을 익혀 자신의 스펙을 향상시킨다.

Spring

- J2EE기반에서 가장 많이 활용되는 프레임워크이다.
- 각 레이어를 느슨한 Interface의 결합과 설정의 외부화를 통해 개발이 보다 더 유연하고 견고해 진다.
- 일관된 방법으로 기존 기술들을 편하게 사용할 수 있도록 도와주고, 비즈니스 객체들을 효과적으로 구성, 관리할 수 있다.
- 막강한 JDBC 자원 관리가 개발자들에게 혁신적인 소스 코딩량의 절약을 가능하게 해준다.

Struts

- 오픈소스 프레임워크로서 웹 어플리케이션 구축시에 재사용성이 부족했던 많은 부분을 재사용이 가능 하도록 미리 구현해 놓은 오픈소스 프레임워크로서 MVC 패턴에서 컨트롤러(Controller) 역할을 수행한다.
- JSP 아키텍처에는 Model1과 Model2가 있으며 Model2가 MVC 패턴에 적합한 모델이다.

10일차

실습생

- 업무일지 제출
- 1차 과제물 중간 평가 발표
- 중간 보고서와 발표자료 작성
- 지도교수와 산업체 교육 담당자에게 발표

현장실습 중간 평가 기간이다.
전반기 교육 과정의 중간 평가를 통하여 후반기 교육 과정을 재검토한다.

산업체 교육 담당자

- 레벨별(입문, 기술, 전문) 현장실습 교육과정 실시
- 매주 주간 계획서 및 업무 일지 작성
- 현장실습일지 및 실습생 출석카드 관리

지도교수

- 주기적인 실습생과 산업체 교육 담당자와 연락을 통한 현장실습 진행사항 점검
- 비정기적인 산업체 현장 방문 (방문시 현장방문 보고서 작성)

(1) 중간점검 제출물 요약

실습생

실제 프로그램 개발작업에 투입되므로 문서작업의 부담을 덜어주기 위해 최대한 생략한다. 그러나, 실습일지와 예외사항처리리스트는 꼭 제출해야 한다. 프로그램 개발작업에 투입되지 않을 실습생인 경우는 기술자 레벨의 문서화를 진행하는 것도 좋다. 전문가 레벨의 실습생은 다음과 같은 실습결과들을 중간 점검 자료로 제출한다.

번호	양식번호	내용	비고
1	HS-301s	전반기 현장실습일지	
2	HS-341s	예외처리리스트	
13	자유형식	중간발표용 PPT	

산업체 교육 담당자

산업체 교육담당 요원은 제출된 실습과제들을 평가한 후, OJT 실습 중간 보고서를 작성한다.

번호	양식번호	내용	비고
1	HS-202m	OJT 실습 최종 보고서(산업체)	

지도교수

지도교수는 교육생의 실습과제물과 산업체 교육담당 요원이 작성한 중간 보고서를 확인한 후, 현재까지 진행된 현장실습에 관한 중간 보고서를 작성한다.

번호	양식번호	내용	비고
1	HS-203p	OJT 실습 중간 보고서(교수)	

현장실습 과정에서 제출된 모든 결과물을 확인하고 교육생과 산업체 교육담당자, 교수가 함께하는 중간 발표회와 후반기 현장실습의 개선을 위한 간담회를 개최한다.

11-19일차

현장실습 후반기 교육 과정이다.

실습생

- 전문가 현장실습 교육과정 수행
- 현장실습일지 작성

(1) 산학협력 측면에서 전문가 레벨 업무 내용과 관련 시식

전반기 교육에 이어서 산업체 개발과정에 직접 투입되어 프로젝트의 공기를 단축시킨다. 전반기에는 업무 도메인의 이해나 프로젝트의 이해를 위한 시간이 필요했지만, 모든 선행 작업이 끝났으므로 후반기는 프로그램 개발 업무에 더욱 전념할 수 있다. 기타 다른 팀원이 개발한 프로그램의 크로스체크를 위한 테스트업무에 투입될 수 있다. 문서화가 완전히 진행되어 있지 않는 프로젝트의 경우, 문서화 요원으로 활약한다.

1) 개발 중인 프로젝트에 투입

- 현재 진행 중인 프로젝트에 일부 모듈 개발에 직접 참여

- 프로젝트 개발 팀의 일원으로 배치
- 실무용 소스코드 작성
- 개발팀과 상호보완 작업진행
- 관련된 내용으로 업무 일지 작성

현장실습 일지	HS-301s

2) 테스트 관련 업무

- 개발 중인 프로젝트의 일부 프로그램 테스트 후, 버그와 개선사항에 대한 기록을 남김

프로그램 개선사항리스트	HS-312s

3) 문서화 업무

- 진행 중인 프로젝트 분석
  - 다양한 형태의 문서화 자료를 확인하며, 없을 경우 제작함

프로젝트 분석표	HS-303s
프로그램 분석표	HS-304s
변수명 분석표	HS-305s
데이터베이스 분석표	HS-306s
테이블 명세표	HS-307s
ERD 분석도	HS-308s
입력프로그램 설계	HS-309s
화면 출력프로그램 설계	HS-310s
프린터 출력프로그램 설계	HS-311s

- 객체지향적 문서화 시도
  - 현재 진행 중인 프로젝트의 문서화가 미비할 경우, 혹은 객체지향 문서화가 되어 있지 않을 경우, 프로젝트의 객체지향 문서화에 투입
  - 특별히 사용 중인 문서화 툴이 없다면 StarUML을 산업체에 소개하기 위한 준비를 함
- 객체지향적 문서화를 위한 도구 설치(StarUML)
  - 진행 중인 프로젝트의 StarUML 이용 문서화

시스템분석 기초자료	HS-321s
클래스 다이어그램	HS-322s
유스케이스 다이어그램	HS-323s
시퀀스 다이어그램	HS-324s

- 위의 다이어그램들은 필수이며, 더욱 세밀한 문서화가 필요한 경우 상태 다이어그램, 통신다이어그램, 활동다이어그램, 컴포넌트 다이어그램, 배포 다이어그램 등을 작성하여 프로젝트를 시각화한다.

(2) 자기계발 측면에서 전문가 레벨 업무 내용과 관련 서식

1) 예외처리 기법 익히기

전반기에 이어서 실무 소스코드를 대상으로 런타임 에러가 일어나지 않도록 견고한 프로그램을 만들기 위한 노력들을 확인하고 리스트를 만들도록 한다.

예외처리 리스트	HS-341s

2) 프레임워크 활용

전반기 교육에 이어서 도움이 되는 프레임워크에 대해 익힌다. 특히 데이터베이스와 접속부분의 효율성을 크게 향상시킨 iBatis 프레임 워크에 대해 자세히 살펴본다. 이들 기법을 익혀 자신의 스펙을 향상시킨다.

ibatis

- 데이터베이스에 있는 자원들을 보다 편리하게 가져오기 위한 프레임 워크
- 데이터 매퍼 프레임워크는 관계형 데이터베이스에 접근할 때, 가독성, 유지보수성, 생산성 등을 향상시켜준다.
- JDBC와 SQL을 유지하면서도 훨씬 더 적은 코드로 JDBC처럼 작동
- 자바코드의 20%를 사용하여 JDBC의 80%를 제공하는 간단한 프레임워크
- 어떤 프로그래밍 언어로도 구현이 가능하다.

20일차

현장실습 마지막 일차이다.
지금까지 모든 현장실습 교육과정의 최종 평가를 수행한다.

실습생

- 2차 과제물 평가 발표
- 최종 보고서와 발표자료 작성
- 지도교수와 산업체 교육 담당자에게 발표

산업체 교육 담당자

- 2차 과제물 평가
- 최종 평가 보고서 작성
- 지도교수에게 평가 결과 보고

지도교수

- 실습생 현장실습 중간 점검 사항 작성
- 산업체 교육 담당자와 면담

(1) 최종제출물 요약

실습생

실습생은 다음의 실습결과들을 마지막으로 제출한다.

번호	양식번호	내용	비고
1	HS-301s	후반기 현장실습일지	
2	HS-341s	예외처리 리스트	
3	HS-401s	OJT 실습 최종 보고서(교육생)	
4	HS-404s	현장실습 완료 설문조사	
5	자유형식	전체 교육에 대한 발표자료	

산업체 교육 담당자

산업체 교육담당 요원은 제출된 실습과제들을 평가한 후, 마지막으로 OJT 실습 최종 보고서를 작성한다.

번호	양식번호	내용	비고
1	HS-402m	OJT 실습 최종 보고서(산업체)	

지도교수

지도교수는 교육생의 실습과제물과 산업체 교육담당 요원이 작성한 최종 보고서를 확인한 후, 최종 보고서를 작성한다.

번호	양식번호	내용	비고
1	HS-403p	OJT 실습 최종 보고서(교수)	

현장실습 과정에서 제출된 모든 결과물을 확인하고 교육생과 산업체 교육담당자, 교수가 함께하는 최종 발표회와 향후 상호간의 협력과 교류를 위한 간담회를 개최한다.

part 4

현장실습 OJT교육과정 평가

평가 기준

(평가 결과) 개선 시스템

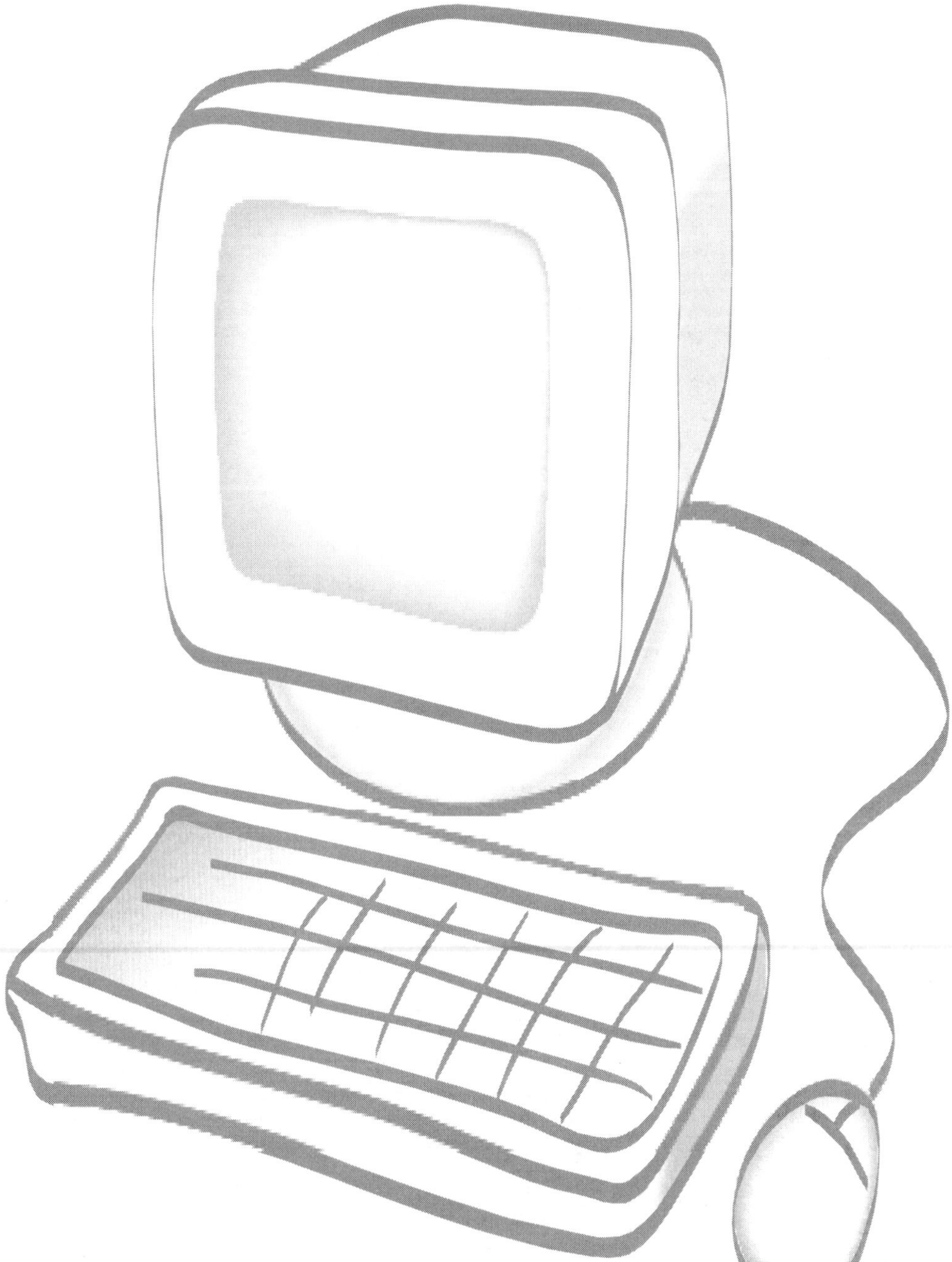

4.1 평가기준

4.1.1 최종 평가 배점

현장실습을 마친 교육생들을 대상으로 최종 평가를 수행한다. 산업체지도위원과 지도교수가 논의하여 교육생을 평가하며, 최종적으로 학점을 부여한다. 밀착 지도한 산업체 지도위원에게 60점의 배점을 부여하고 지도교수가 그 절반인 30점을, 그리고 출퇴근 시간을 10점으로 배점한다.

<table>
<tr><td rowspan="4">현장실습 결과
평가기준</td><td>지도교수</td><td>30점</td><td>계획수립능력
계획대비 실행결과
현장실습 결과보고서 평가</td></tr>
<tr><td>산업체지도위원</td><td>60점</td><td>밝은 근무태도와 인사성
동료(타인)와의 협조관계(협업)
최선을 다하는 성실한 근무태도
계획 대비 실행결과물 완성정도(결과보고서)
주변 정리정돈</td></tr>
<tr><td>기타</td><td>10점</td><td>출퇴근 시간</td></tr>
<tr><td>합계</td><td>100점</td><td></td></tr>
</table>

4.1.2 평가를 위한 준비물

산업체 지도위원은 교육생이 제출한 자기평가서, 중간보고서와 최종보고서, 그리고 발표를 기준으로 중간평가와 최종평가로 나누어지는 2번의 평가를 하게 된다. 그 결과를 지도교수에게 제출하여 최종판단의 근거로 삼는다. 지도교수 역시, 중간평가와 최종평가를 수행하는데 산업체 지도위원의 평가서와 면담자료, 교육생 자기평가서, 교육생과의 면담 등을 통하여 최종 평가서를 작성하게 된다.

준비 주체	평가를 위한 준비물
교육생	현장실습계획서
	현장실습일지 (각종 사진 포함)
	현장실습 중간보고서
	출퇴근 기록
	최종 결과물(각종 양식들)
	현장실습 최종보고서
	현장실습 완료 설문조사
산업체 지도위원	중간평가서
	최종평가서
	면담기록(적성, 근무태도, 팀웍, 인사성, 정리정돈)
지도교수	중간평가서
	산업체 지도위원과의 면담결과
	교육생과의 면담결과
	최종평가서(모든 내용이 요약된 결과임)

4.2 평가결과 개선시스템

당해년도 현장실습 평가결과 분석을 바탕으로 차기년도 현장실습 개선에 활용한다. 세 가지 측면에서 개선사항을 점검하고 필요한 경우, 차기년도에 반영한다.

part 5

S/W 개발분야 현장실습 OJT교육과정 기대효과

신학협력분야

교육분야

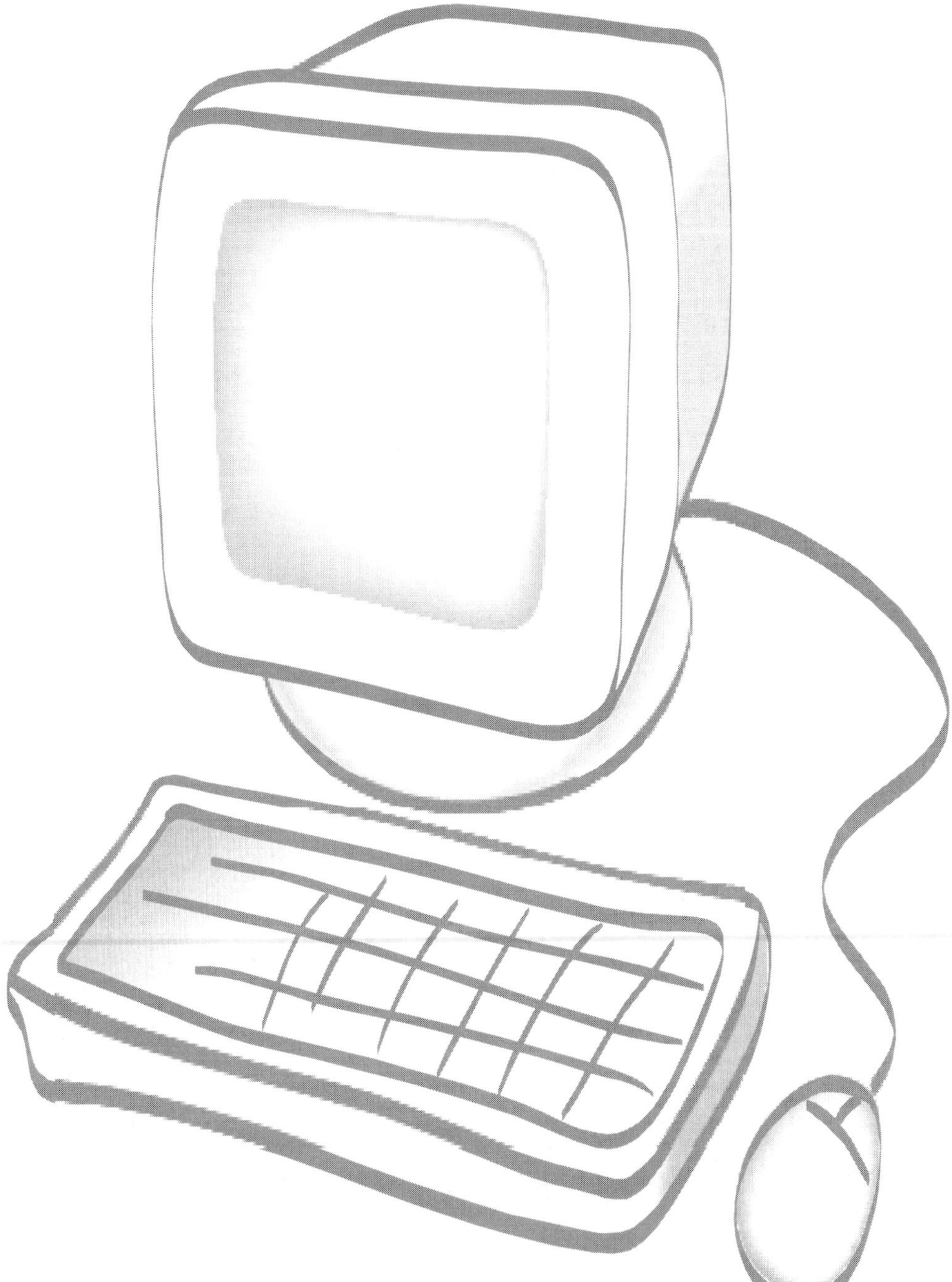

5.1 산학협력분야

(1) 전화응대 및 방문고객 안내

소규모 S/W 개발 산업체는 당장 전화를 받을 인력조차도 귀한 경우가 많다. 개발인력이 직접 고객의 전화를 받게 되면 개발의 집중도가 떨어지게 되고 이는 생산성 하락으로 연결되며, 개발인력이 아닌 관리 인력을 따로 둔 경우에도 개발 쪽과는 거리가 있는 문과 계열 출신인 경우가 많기 때문에 고객의 기술 질의와 관련된 전화 받기를 꺼리는 경향이 있다. 현장에 가장 쉽게 투입되는 경우는 고객의 전화를 받는 것부터 시작할 수 있다. 단, 전화응대는 기업의 이미지를 크게 좌우하므로 전화예절을 정확히 숙지한 후에 투입하는 것이 바람직하다. 현장실습 중인 산업체의 인적 구성을 숙지한 후에는 관련학과를 졸업하고 S/W 개발에 대한 이론적인 지식만 있더라도 우선 걸려오는 전화응대 후에 담당 기술자로 넘겨주는 작업 정도는 충분히 가능하다.

(2) 주위환경 정리정돈

또한, 중소 규모의 S/W 산업체는 개발 중인 S/W의 납기를 맞추기 위하여 잦은 야근이나 휴일 근무 등이 빈번하게 발생하곤 한다. 따라서 주위 환경을 정리 정돈하면서 업무를 지속할 수 없을 정도로 개발에 매달리기도 한다. 이러한 경우, 주위 환경을 정리 정돈해줄 수 있는 잉여인력이 있다면 산업체에 도움이 된다.

(3) 개발 중인 S/W의 테스트

개발 중인 시스템을 대상으로 다양한 필드 테스트가 필요한 경우, 제3자의 테스트가 필수인데 현장실습 중인 인력이 있다면 고객에게 납품하기 전의 테스트에 투입할 수 있다. 기초적인 에러부터 사용시 불편한 사항까지 미리 내부 테스트에 의해 보고받고 수정한 다음에 납품한다면 고객으로부터 신뢰를 높이는데 크게 이바지할 것이다.

(4) S/W 문서화

S/W 개발 관련 산업체에 따라 주력 S/W가 다르다. 패키지 사업을 하는 경우는 보유하고 있는 소수의 S/W를 대상으로 꾸준히 기능을 개선해 나가면서 고객의 만족도를 높여 나가기 위해 노력할 것이고, SI사업을 하는 경우는 새로운 S/W 제작을 꾸준히 진행해야 하므로 S/W 재사용성에 관한 기술에 큰 관심을 가지게 된다. 어느 쪽도 요구분석부터 설계, 제작, 사용자 매뉴얼에 이르는 문서화에 대한 중요성을 충분히 강조해야 하지만, 제작기한의 지나친 강조, 끊임없이 변하는 요구사항과 설계, 제작 후에 변하는 사양, 새로운 기술 등장에 따른 문서화의 버전업 등으로 소규모 산업체는 문서화에 최선을 다하지 못하는 경우가 많다. 따라서 완료된 S/W와 관련문서가 일치하지 않게 되며, 문제점을 알면서도 산업체로서는 이 부분이 수익으로 바로 연결되지 않으므로 소홀히 다루게

된다. 나중에 그 댓가를 크게 치르더라도 당장 투입할 인력이 부족하므로 폭탄을 제거하지 못한 채 밀봉해 버린다고 볼 수 있다.

제작된 S/W와 정확히 일치하는 문서화 부분을 잉여인력이 해결해줄 수 있다면 산업체로서는 큰 도움이 될 것이다. 큰 기술이 필요 없더라도 S/W 개발 문서의 전체적인 절차를 알고 있고, 소스를 읽고 이해할 수 있는 정도의 수준이라면 개발된 S/W와 어긋난 문서에 대하여 조정역할을 할 수 있다. 중급 정도의 실력을 갖춘 교육생이라면 문서화 작업에 충분히 투입이 가능하다고 사료된다. 이미 작성된 설계문서를 최근에 화두가 되고 있는 객체지향적 설계로 바꾸어보는 것도 좋다. 이때는 객체지향적 설계를 할 수 있는 툴을 사용해야 하는데 산업체가 사용하고 있는 툴을 사용하도록 한다.

(5) 소스코드의 개선

교육생으로서 기술적 능력을 향상시키고자 한다면 기존에 제작된 소스코드를 살펴보며, 작은 단위의 모듈부터 보다나은 퍼포먼스를 가진 소스로 개선해보도록 한다. 문서화를 위하여 재사용가능한 모듈들의 기능을 정의하고 내부를 들여다보게 되는데, 산업체가 보유하고 있는 실무 소프트웨어 소스코드를 살펴보고 분석해볼 수 있다는 것은 교육생으로서 자기 발전에 큰 도움을 받을 수 있다. 거기에 더하여 실무 모듈을 개선하여 산업체에 제공하게 된다면 산업체 보유의 소프트웨어 안정화에 기여하게 되는 것이다.

(6) 개발 공기의 단축

S/W 개발 산업체는 늘 새로운 S/W 개발에 많은 인력을 투입하고 있다. 따라서 대부분의 산업체는 개발요원이 부족하여 한 사람이 두세 가지의 프로젝트에 동시 투입되기도 한다. 단기이기는 하지만 간단한 교육과정 후에 실제 개발에 참여할 수 있는 인력이 있다면 산업체로서는 반가운 일이 아닐 수 없다. 따라서 현장실습 교육생이지만 대학에서 스스로 자기 계발에 충실했다면 충분히 산업체의 실무 프로젝트에 참여할 수 있고 이를 개발보조 인력으로 사용할 수 있다.

어느 정도 준비된 교육생인 경우, 실제 프로젝트에 투입하여 개발인력난을 해소하는데 도움이 된다. 물론 산업체마다 사용하는 개발용 언어나 툴이 다르므로 투입 전 사전 교육은 필요하겠지만 보편적인 개발환경(MS Visual Studio환경이나 eclipse환경)이라면 대학에서 경험해 보았을 것이고 쉽게 적응할 수 있다. 이 경우는 교육생의 능력을 충분히 검증할 수 있고 협업의 한 부분을 맡아 주었으므로 해당 산업체에 직접 취업할 수 있는 기회가 주어질 확률이 높다.

교육생의 기술적 능력 향상은 실무를 해나가면서 저절로 이루어지게 된다. 산업체의 프로젝트 매니저로부터 팀의 일원으로 단위 업무를 부여받아 코드를 작성하며, 협업에 대한 훈련을 쌓을 수 있고 실무에 적용되는 한 단계 높은 기술을 익힐 수 있게 된다.

5.2 교육분야

(1) 조직사회에의 적응력 향상

대학에서 학업으로는 배울 수 없는 조직사회에서의 구성원 역할을 학습하게 된다. 나에게 주어진 소명을 다하는 책임감과 다른 사람들에게 피해가 가지 않는 처신을 익히며, 나아가 팀원들에게 도움이 될 수 있는 일이 무엇인지를 스스로 생각하여 조직에 도움이 되는 사람이 되고자 노력해 나간다면, 취업 후의 조직사회 적응에 크게 도움이 될 것이다.

(2) 문서화 절차 숙지

보통의 경우, 프로젝트가 형성되면 문서화보다 코딩을 우선하게 된다. 그러나, 잘 설계되어진 문서가 준비되어진다면 의뢰인과의 협의가 순조롭게 진행될 수 있고, 또 개발자의 코딩이나 디버깅이 훨씬 쉽게 진행될 수 있다. 또한, 개발자가 바뀌더라도 업무의 인수인계가 부드럽게 진행되며 특히, 객체지향적 문서화 툴을 사용하는 방법과 실무에 적용시켜본 경험을 얻으면 차후, 취업에도 큰 힘이 된다.

(3) 실무에 사용되는 컴퓨터 언어의 숙지

이론으로만 학습했던 컴퓨터 언어이지만, 실제 업무에 적용시킨 예를 중심으로 학습할 수 있다. 예를 들어, 단순한 배열 부분이라 하더라도 실무에 어떻게 응용되는지를 확인하면서 소스를 살펴본다면 컴퓨터 언어의 광범위한 활용 부분에 대하여 보다 구체적으로 이해를 할 수 있다.
실제 업무에 투입되어 코딩을 하게 되면 견고하고 효율좋은 S/W 제작을 위한 노력을 하게 되고 이는 프로그래밍 실력을 한 단계 업그레이드시키는 효과를 가져오게 된다.

▸ ▸ 양식번호 매기기 방법

H S - t n n a

t (시기): 0:교육전, 1:교육시작시, 2: 중간점검시, 3: 교육진행시, 4:교육종료시
n (번호): 2자리 일련번호
a (작성자):p:교수, m:현장지도요원, s:학생

양식번호와 내용리스트

양식번호	내용	비고
HS-001p	현장실습 지도교수 점검표	
HS-101s	산업체 조사 워크시트	
HS-102s	현장실습 일차별 계획서	
HS-103s	자기계발 계획서	옵션
HS-104m	OJT 실습생 레벨 테스트 결과	
HS-105m	전후반기 현장실습 계획서	
HS-106p	현장방문 면담표	
HS-201s	OJT 실습 중간 보고서(교육생)	
HS-202m	OJT 실습 중간 보고서(산업체)	
HS-203p	OJT 실습 중간 보고서(교수)	
HS-301s	현장실습 일지	
HS-302s	전화(방문) 응대 리스트	
HS-303s	프로젝트 분석표	
HS-304s	프로그램 분석표	
HS-305s	변수명 분석표	
HS-306s	데이터베이스 분석표	
HS-307s	테이블 명세표	
HS-308s	ERD 분석도	
HS-309s	입력프로그램 설계	
HS-310s	화면 출력프로그램 설계	
HS-311s	프린터 출력프로그램 설계	
HS-312s	프로그램 개선사항리스트	
HS-321s	시스템분석 기초자료	
HS-322s	클래스 다이어그램	
HS-323s	유스케이스 다이어그램	
HS-324s	시퀀스 다이어그램	
HS-401s	OJT 실습 최종 보고서(교육생)	
HS-402m	OJT 실습 최종 보고서(산업체)	
HS-403p	OJT 실습 최종 보고서(교수)	
HS-404s	현장실습 완료 설문조사	

▸ 참고문헌 ◂

[1] 대학생 현장실습 "IT분야" OJT교육과정 지침서, 이석환, 동명대학교, 2010

[2] 자바2 JDK6 입문, 성윤정,이희영, 대림출판사, 2009

[3] 자바 5.0 프로그래밍, 오경주, 염기호, 서영환, 한빛미디어, 2009

[4] 초보자를 위한 UML 객체지향설계 제3판, Joseph Schmuller(역 곽용재, 오종범), 정보문화사,2004

[5] UML입문, 한정수, 김귀정, 송영재, 한빛미디어,2009

[6] StarUML 사이트, http://staruml.sourceforge.net, http://www.staruml.co.kr, 2005

정가 11,000원

대학생 현장실습 S/W 개발분야 OJT교육과정

2011년 12월 10일 초판 인쇄
2011년 12월 19일 초판 발행
저 자 : 김 정 인
발행자 : 우 명 찬 · 송 준
발행처 : 홍릉과학출판사
주 소 : 서울시 강북구 인수동 455-60
142-885
등 록 : 1976년 10월 21일 제5-66호
전 화 : (02)999-2274 ~ 5, 996-8341, 903-7037
팩 스 : (02)905-6729
ISBN : 978-89-7283-958-3
e-mail : hongpub@hongpub.co.kr
http://www.hongpub.co.kr

저자와의 협의하에 인지생략